"Lysa es una de mis personas favoritas. No porque sea inteligente o fuerte o bondadosa, aunque sea todas estas cosas. Lysa me impresionó porque es genuina, transparente y honesta. Tiene las agallas y el valor para atravesar tiempos difíciles, pero su mayor posesión es Jesús. Ha aprendido que aquello que lo deslumbra no es nuestro éxito, sino nuestra fe. Cuando sienta que ha perdido su rumbo, este libro lo regresará a Jesús".

—Bob Goff,
Autor del gran éxito de ventas del
New York Times, El amor hace

"¡Lysa lo ha vuelto a lograr! De ninguna manera podrá parar de leer este libro. Es apasionante desde la primera página hasta la última. Con la vulnerabilidad que la caracteriza, Lysa expone una manera sincera de manejar los temores, rechazos, inseguridades e inestabilidad que todos experimentamos. Créanos cuando le decimos que nunca antes ha leído un libro semejante. No se lo pierda. No alcanzan las palabras para recomendar *Sin invitación*".

—Dres. Les y Leslie Parrott,
autores del gran éxito de ventas del New York Times,
Asegure el éxito en su matrimonio antes de casarse

"Lysa TerKeurst tiene un talento irrefutable para compartir las luchas de su corazón de tal manera que fortalece y equipa las vidas de los demás. No recuerdo cuándo fue la última vez que leí un libro con tanto entendimiento sobre la naturaleza humana e incluso perlas con verdades bíblicas. No se pierda este libro; ¡será de bendición cada vez que lo lea!".

—Chris Hodges,
pastor principal de Church of the Highlands;
autor de Fresh Air [Aire fresco] y Cuatro copas

"Este libro es de *lectura obligatoria*. Lysa le habla de manera hermosa e incluso profética a una cultura que solo es capaz de ver lo que nuestros amigos con   n todo momento con el pequeño   o. Mi parte favorita es que Lysa to   e

T0188550

realmente importa, y esa es la gran invitación que tenemos, de sentarnos a la mesa con el Dios viviente, quien ha estado con nosotros desde el comienzo".

—JEFFERSON BETHKE,
AUTOR DE LOS GRANDES ÉXITOS DE VENTAS
JESUS>RELIGION [JESÚS>RELIGIÓN] e *IT'S NOT WHAT YOU THINK* [NO ES LO QUE PIENSAS]

"Como una mujer quien ha enfrentado el rechazo más veces de las que quisiera recordar, *Sin invitación* fue la bebida que mi alma sedienta necesitaba. En mi caminar con Jesús, con frecuencia he clamado por sanidad y buscado palabras de verdad sobre las cuales apoyarme. Este libro no solo me ha proporcionado dichas palabras, sino también me ha enseñado muchísimo acerca del perdón. Si está buscando esperanza, este libro es exactamente lo que necesita".

—TARA C.

"La gran belleza de este libro reside en que no solamente empatiza con el dolor del rechazo, sino que infunde un valor divino en su alma para ayudarla a caminar con una seguridad santa. Una confianza arraigada en el firme, eterno, apasionado y abundante amor de Jesús. ¡No se lo puede perder!".

—ALICIA S.

"Las palabras de Lysa me ayudaron a procesar mis rechazos sin idolatrar la aceptación ni omitir el dolor que estos provocan".

—MEGAN C.

"La manera en que Lysa conecta la vida real con las Escrituras ayudó a restaurar mi alma y facilitar mis oraciones cuando parecía casi imposible orar por mí misma".

—KIM C.

"Este libro se asemeja a una conversación entre buenos amigos que fluye naturalmente de amena y distendida hacia baja y sucia, vulnerable y desafiante. El riesgo de permitir que el rechazo o el temor al rechazo determine nuestro valor reside en el centro de muchas luchas que las mujeres enfrentan hoy. Lysa confronta esta cuestión con honestidad, practicidad, humor y, principalmente, la verdad de Dios. ¡No debe dejar de leer *Sin invitación*!".

—SARAH R.

"Como lo diría una amiga de confianza, Lysa señala el camino hacia un Dios quien entró en este mundo con el único propósito de rechazarse a sí mismo y puede comprender nuestro dolor. Y con la seguridad de alguien que ha tomado su mano y atravesado algunos de los valles más dolorosos, ella equipa al lector con herramientas para poder vencer y prosperar".

—ERIN B.

"Parecería como si Lysa hubiera escrito sobre mi vida. Recomendaré este libro a cada mujer que conozco".

—SARAH L.

"Debo admitir que me encontré a mí misma levantando mis manos con lágrimas en mis ojos a lo largo de porciones de *Sin invitación*. Esos fueron momentos excepcionalmente dulces con el Señor".

—EMILY S.

Sin invitación

Lysa TerKeurst

CASA
CREACIÓN
Para vivir la Palabra

Para vivir la Palabra

MANTÉNGANSE ALERTA;
PERMANEZCAN FIRMES EN LA FE;
SEAN VALIENTES Y FUERTES.
—1 CORINTIOS 16:13 (NVI)

Sin invitación por Lysa TerKeurst
Publicado por Casa Creación
Miami, Florida
www.casacreacion.com

©2017-2021 Derechos reservados
Library of Congress Control Number: 2017943804
ISBN: 978-1-62999-363-8
E-book: 978-1-62999-364-5

Desarrollo editorial: *Grupo Nivel Uno, Inc.*
Diseño interior: *Grupo Nivel Uno, Inc.*

Publicado originalmente en inglés bajo el título:
Uninvited
por Thomas Nelson, a division of HarperCollins Christian Publishing, Inc.
Copyright © 2016 by Lysa TerKeurst
Todos los derechos reservados.

Visite la página web de la autora: www.lysaterkeurst.com

Nota de la editorial: Aunque el autor hizo todo lo posible por proveer teléfonos y
páginas de internet correctas al momento de la publicación de este libro, ni la editorial
ni el autor se responsabilizan por errores o cambios que puedan surgir luego de haberse
publicado.

Impreso en Colombia

21 22 23 24 25 LBS 9 8 7 6 5 4 3 2 1

*Dedico este libro a mi queridísima amiga Colette
Greene... eres un regalo de Dios y te quiero y valoro
profundamente. No podría haber perseverado
en la escritura de este mensaje sin ti.*

*Y a toda persona quien haya sentido el aguijón del
rechazo, llorado la profunda pérdida de una relación
que estaba allí un día y al siguiente ya no o se haya
preguntado si Dios realmente tiene planes de bien para
usted... comprendo. Dios se aseguró de que reciba
estas palabras de esperanza. Él la ama y yo también.*

Contenido

Capítulo 1

Preferiría ignorar la honestidad

En la quietud de una mañana, me encuentra la honestidad. Me llama a través de una grieta en mi alma e invita a la verdadera yo a *salir, salir, dondequiera que esté*. No a la edición cuidadosamente editada de mí en este año. No, la honestidad quiere hablar con la versión menos prolija de la mujer en quien me he convertido. Aquella a la que no podría hacer lucir más viva con algunos toques de rímel y un poco de color en mis labios.

La honestidad es un pretendiente con visión penetrante quien no se deja influenciar por mentiras o posiciones.

Puedo intentar y hacer que las cosas aparenten mejor de lo que son, pero la honestidad no aceptará nada de eso. Así que recogí mi cabello en un moño despeinado y dejé las manchas de mi rostro. No contuve mi barriga ni blanquee mis dientes ni me rocié perfume.

Simplemente, salí.

Salí de detrás de todos los intentos por construir minuciosamente una versión de mí más aceptable y, de manera vacilante, extiendo mi mano, insegura de cómo saludar a la honestidad. Me podría recibir con una bofetada o un abrazo, y soy bien consciente de que podría resultar de cualquier modo.

Nunca optaría por la bofetada, excepto que conmigo es probablemente la opción más segura. No soy una persona a quien le guste abrazar. Una vez me presentaron a un pastor reconocido y me sentía muy nerviosa por conocerle. Era un hombre mayor y bien fornido con un alma encantadora, quien estaba determinado a hacerme sentir bienvenida.

Debí haberme sentido honrada.

Pero al verlo aproximarse, todas las opciones de cómo saludarlo danzaban en mi mente, y con cada paso que dirigía hacia mí, me sentía cada vez más asustada. Extendí mi mano. Me envolvió en un fuerte abrazo, forzando mi brazo por accidente en la peor dirección posible. Por suerte, rápidamente se alejó y en cambio colocó sus manos sobre mis hombros para decirme lo que había planeado decir.

Desde luego no puedo contarle lo que finalmente me dijo, porque 243 alarmas sonaban en mi cabeza con respecto al abrazo incómodo el cual posiblemente resulte en que se me prohíba la entrada a cada iglesia de este lado del Misisipi. O del mundo.

Así que, dado que los abrazos no suelen ser mi primera opción, no quería abrazar a la honestidad.

De hecho, nunca realmente he querido abrazar a la honestidad. Estoy mucho mejor como estoy ahora de lo que jamás he estado, pero comienzo a dudar, sabiendo cuán peligroso puede ser. Mientras sospeche que la intención de la honestidad es exponerme y herirme, siempre se sentirá como algo peligroso.

Resulta más fácil construir una historia de vida más apetecible, donde pueda trazar líneas rectas desde cada herida del pasado a la sanidad que luego experimente, que enfrentar la cruda verdad. Prefiero unir cuidadosamente cada aspecto duro de mi testimonio con el lugar apacible en donde aterricé que es en medio de la gracia, el perdón y la restauración de Dios, como prueba de que estoy caminando en libertad.

Lo cual es cierto. La mayor parte del tiempo. Pero la honestidad no quería hablarme sobre ello. La honestidad quería que llevara la esencia de quién creo que soy y la expusiera a la luz de la verdad.

Y no existe ningún ser vivo quien pudiera hallar allí una alineación perfecta.

Ni uno solo.

No importa cuán salvos, santificados, maduros y libres seamos, existen desalineaciones arraigadas en nuestra alma. Así que la honestidad quería dirigirse a mí con respecto a esto. La causa de esta desalineación se debe a algo que todos desearíamos que se hubiese quedado en el vestuario de la escuela secundaria: el rechazo.

Un rechazo pernicioso con mis vulnerabilidades exactas en mente penetrará en lo más profundo de mi ser. La madurez de mi fe me puede ayudar a procesarlo de una mejor manera. Me puede ayudar a tener una mejor reacción. Incluso me puede ayudar a quitar la flecha y curar la herida. Sin embargo, la madurez espiritual no me protege del rechazo.

Los rechazos de hoy, grandes o sutiles, son semejantes a bombas sigilosas que silban directo a mi ser, localizan las heridas de mi pasado y las vuelven dolorosamente actuales otra vez. Envían mensajes que cifran todas mis fórmulas cuidadosamente establecidas para mantener una vida estable. Las voces de la duda y la inseguridad susurran: "Ves, te he estado diciendo por años que eres una completa decepción". Dichas voces no tienen que gritar; el dolor actúa en tonos ensordecedores.

Así que la honestidad me mira, y asiento con mi cabeza. Estoy de acuerdo. Aún hay trabajo por hacer.

Finalmente, me doy cuenta de que la honestidad no trata de herirme. Trata de sanarme.

La honestidad no trata de herirme.
Trata de sanarme.

Si desea saber lo que realmente hay dentro de alguien, escuche atentamente las palabras que hable. Recientemente, el Señor se aseguró de que tuviera plena consciencia sobre lo que revelan algunas de mis propias palabras. Indicios de la desalineación entre aquello que es verdad y lo que creo sobre mí misma se filtraron cierto día en el aeropuerto. No hay nada como una gran dosis de estrés combinada con el tiempo extremadamente justo que haga que la boca de una persona se olvide de su filtro. Aquello que una realmente piensa se escapa en palabras demasiado fuertes y la fuerzan a examinar de dónde provienen.

Allí estaba parada, mirando la cajuela vacía del coche justo afuera de la terminal, y al darme cuenta mi corazón comenzó a latir deprisa y mis pensamientos a girar. Tenía mi itinerario. Tenía mi licencia de conducir. Tenía planes de regresar a casa. Pero también tenía una conclusión bastante inoportuna: no tenía mi equipaje. De algún modo, no había llegado a la cajuela del coche.

Creí que otra persona lo había tomado. Ella creyó que yo lo había hecho. Eso es todo.

Rápidamente, llamé a una amiga quien aún se encontraba en el hotel y con la respiración entrecortada le conté mi situación y le pedí si podía tomar mi equipaje y subirlo en el próximo transporte que se dirigiese al aeropuerto. Y otro pequeño detalle: solo contaba con quince minutos antes de que la aerolínea no me permitiera despachar mi equipaje.

No suelo morderme las uñas, así que en lugar de eso, cogí nerviosamente la piel de mis cutículas. Retorcí mis dedos hasta que hice crujir mis nudillos. De nuevo, no era un hábito normal en mí, pero esta no era una situación normal.

¿Quién llega al aeropuerto sin su equipaje?

Caminaba de un lado a otro, deseando que la miniván se apresurara, pero entonces mi cerebro demandante del cumplimiento de las normas hizo que me arrepintiera. Mentalmente, me estaba castigando y recordando por qué rallos no me aseguré de tener mi equipaje. Miré mi reloj. El panorama no era alentador. La miniván tenía más millas por recorrer que el tiempo que yo tenía por esperar. Uf.

Caminé hacia un mostrador de facturación externo con una mirada suplicante y la voz nerviosa, con un tono agudo y más que un poco molesto. "Sé que no trabaja para la aerolínea con la cual vuelo, pero ambas compañías están en proceso de fusionarse. Por tanto, ¿existe alguna posibilidad de que pueda despachar mi equipaje aquí tan pronto como arribe y luego lo gestiona todo en su ordenador? ¿Por favor? ¿Sí?".

"Disculpe, pero no", me respondió. "Nuestros sistemas informáticos no están fusionados todavía".

¡Qué desastre! Un gran y verdadero desastre.

Y luego comencé a hacer lo que suelo hacer cuando la vida se niega a cooperar conmigo. Empecé a hablarme a mí misma. La frustración hizo brotar las palabras de mi boca. "Soy una tonta. Invito tanto drama innecesario y complicación a mi vida, porque mi ritmo y mi cerebro no están sincronizados. En serio, ¡¿qué pasa con mi cerebro?!".

El hombre de los equipajes volvió precipitadamente su rostro en mi dirección, extendió su brazo y levantó su mano, indicándome que me detuviera. "No en mi presencia", dijo. "No hablará sobre sí misma de esta manera en mi presencia. De ninguna manera".

Su orden me asustó.

Sus palabras me detuvieron.

Y de pronto me pregunté si estaría conversando con un ángel.

"Estas cosas suceden, señora". Excepto que no dijo *cosas*. Dijo, bueno, ya sabe.

Grandioso. ¿Acaso no lo sabía? Tengo un "ángel" grosero.

Así que al final no se trataba de una presencia divina, pero algunas de sus palabras sin duda lo fueron.

Se me pegaron. Como cuando una niña de dos años pasa una hora haciendo de una paleta un desastre gelatinoso y pegajoso y luego pasa sus manos por su cabello. Esa clase de pegajosidad es algo grave.

Al igual que esta. Estas palabras: "No hablará sobre sí misma de esta manera en mi presencia" no se olvidan con facilidad. Ni deberían hacerlo. A veces una frase llega a su alma con tal peso que deja una profunda marca. Colecciono estas frases como otros coleccionan estampillas y Beanie Babies. Completo las páginas de cuadernos sin renglones de Walmart con frases como esta. Estas palabras que me conmueven son tesoros.

Mis dedos se contraen, ansiosa por agregar esto a mi colección, pero mi cuaderno de Walmart estaba dentro del equipaje, con suerte llegando a toda velocidad, pero no tanto como para infringir las leyes de velocidad permitida. A falta de mi cuaderno, lo único que podía hacer era permitir que dichas palabras ocupen el escenario principal en mi mente. Las escuchaba una y otra vez y sentí paz.

Con las emisiones de escapes de los coches y los ruidos agudos de los aviones que proveían un escenario insólito para una lección de iglesia, me percaté por qué estas palabras eran personalmente tan necesarias para mí. Hablar conmigo misma de manera negativa era un rechazo de mi pasado al cual le había permitido establecerse en el centro de mi identidad. Hablo de mí misma en modos que jamás les permitiría a otros hablar. Indicios de autorechazo adulteran mis pensamientos y envenenan mis palabras más de lo que quisiera admitir.

El autorechazo allana la pista de aterrizaje para que el rechazo de otros llegue y abra las puertas de nuestros corazones. Piense sobre por qué duele tanto cuando la gente dice o hace cosas que la hacen sentir rechazada. ¿Acaso no se debe en parte al hecho de que ellos expresan la vulnerabilidad por la que usted ya se ha regañado? Duele mucho más cuando la lastiman en una herida abierta.

Si alguien no me invita a su evento, mi mente recuerda todos los defectos y debilidades que he expresado sobre mí misma recientemente. De pronto, le asigno mis pensamientos a esa persona. La escucho decir estas mismas cosas hirientes. Me siento etiquetada y juzgada y, sí, rechazada.

O mi esposo hace un comentario acerca de algo por lo que ya me siento sensible y ello incita una respuesta emocional de mi parte que está totalmente fuera de proporción. Interpreto lo que dice y hace de manera mucho más intencional de lo que él se proponía. Y eso hace que nuestra relación se sienta difícil y extenuante. Me siento tan rechazada, y él queda rascándose la cabeza preguntándose por qué.

O algo en lo que he puesto mis esperanzas se desmorona inesperadamente. Intento recobrar el ánimo y recordar que se debe a circunstancias impredecibles. Pero hay una parte de mí que se siente rechazada. No quiero tomarlo como algo personal, pero me encuentro a mí misma menospreciada por el resto del día y no logro quitarme la decepción.

O uno de mis hijos mayores toma una decisión que sabe que es contraria al consejo que le di. Cuanto más presiono más se aparta, y me siento como la mamá que prometí nunca ser: autoritaria y controladora. Se vuelven callados y distantes. Y me duele en lo profundo de mi ser.

O alguien me rechaza completamente, o mis ideas, una invitación, a mis hijos, mi proyecto, lo que sea, y se mete conmigo más de lo que debería.

Las relaciones se sienten cada vez más inseguras. Las oportunidades se sienten cada vez más arriesgadas. Y la vida se siente cada vez menos dispuesta a colaborar. Prosigo, porque eso es lo que las mujeres hacemos. Pero esta sensación persistente de rechazo, real o simplemente percibida, me afecta más de lo que quisiera admitir. El rechazo roba lo mejor de quién soy al reforzar lo peor que me han dicho.

El rechazo no es solo una emoción que sentimos, sino un mensaje que es enviado al centro de nuestra identidad, haciéndonos creer las mentiras sobre nosotras mismas, sobre otros y sobre Dios. Conectamos un evento presente a algo duro que alguien alguna vez nos dijo. La frase de esa persona se vuelve una etiqueta. La etiqueta se convierte en una mentira. Y la mentira se vuelve una predisposición acerca de lo que creemos sobre nosotras mismas e interactuamos en cada relación futura.

La frase: *No te quiero* se convierte en la etiqueta *no eres aceptada*.

El *rechazo*

roba

lo *mejor* de

quién soy

al reforzar

lo *peor* que

se me ha dicho.

La etiqueta: *No eres aceptada* se convierte en la mentira *no eres digna*.

La mentira: *No eres digna* se convierte en un guion de autorechazo. Y ello desencadena la sospecha, la duda, la vacilación y muchas otras predisposiciones que entorpecen las relaciones presentes. Proyectamos en otros las frases de rechazo que oímos en nuestro pasado y los responsabilizamos por palabras que nunca dijeron. Y lo que es peor, nos encontramos preguntándonos si Dios coincide en secreto con aquellos que nos hirieron.

Me encantaría poder decirle que escribo sobre esto porque he vencido el rechazo en cada uno de sus aspectos. He progresado. Estoy muy lejos de lo excesivamente sensible que solía ser. Sin embargo, tengo a un "ángel" grosero que me advertiría que aún hay trabajo por hacer.

No, no escogí este tópico porque lo haya dominado, sino porque quisiera que cavemos hasta el centro de quiénes somos, nos expongamos y finalmente curemos la profunda infección del rechazo. Le advierto, no será una exposición ordenada. Pero será honesta.

Y será para bien.

No puedo decir que estoy preparada para rodear a la honestidad con un fuerte abrazo. Creo que ya sabe la razón terriblemente incómoda de por qué. Pero estoy dispuesta a tomarla de la mano y caminar juntas a partir de aquí.*

---

* P. D.: Finalmente, logré tomar mi vuelo. Justo en el último momento. Creo que mi ángel en el mostrador de equipajes estaba bastante ansioso por regresarme a casa.

Capítulo 2

Tres preguntas para considerar

Hace algunos años remodelamos nuestra casa y derribamos parte de la cocina hasta los cimientos. Dado que tenía una visión en mi mente de cómo quería que resultaran las cosas, pero no tenía ningún conocimiento sobre construcción, le pedí a un amigo bien informado en el tema que me asesorara. Estaba tan emocionada de obtener su opinión experta sobre detalles divertidos como dónde ubicar los electrodomésticos, los colores de los gabinetes y los accesorios de iluminación. Pero cuando entró y comenzó a mirar el cielorraso con una mirada de gran preocupación, supe que algo andaba mal.

Las vigas que corrían a lo largo de la cocina habían estado tapadas por paneles de yeso, pero ahora que temporalmente las habíamos dejado al descubierto, pudo notar que una de las vigas principales no iba a poder proporcionar la cantidad de apoyo necesario. A unas tres cuartas partes a lo largo del cielorraso, la viga quedó corta. No era lo suficientemente larga como para extenderse hasta la pared de apoyo. Con el propósito de repararlo, alguien había clavado sobre uno de sus lados otra viga que concluía el recorrido de la cocina. No solamente esta no es la manera apropiada de reparar una viga de apoyo, sino que los clavos apenas estaban uniendo ambas piezas.

Pero dado que solo era una viga, no entendía por qué se le daba tanta importancia. Había muchas otras vigas que estaban bien. Prosigamos con las ideas de decoración que había pensado analizar.

Mi amigo sabía más que yo.

Me llevó arriba. En el lugar exacto donde estaban las vigas en el techo de abajo, el segundo piso estaba mojado y hundido. Un buen brinco o alguna cosa pesada que se cayera en esa área, y esa viga de apoyo probablemente se desmoronaría.

No me molesté en pedirle a mi amigo mayores explicaciones. Ya sabía que no podíamos dejar esto así. Volví a bajar y me paré debajo del punto problemático.

Los puntales rotos no pueden proporcionar estabilidad. No era ninguna revelación desde el punto de vista de la construcción. Excepto que al ver ese puntal casi colgando era como mirar en mi interior.

Durante años había esperado tener estabilidad partiendo desde una identidad quebrantada.

Cuando las zanjas y los padres la decepcionan

Cuando era niña, tenía un lugar donde iba a esconderme. Vivíamos en ese entonces en un complejo de apartamentos muy marrón. Del lado de nuestra unidad cerca de los bosques y de la cancha de tenis deteriorada, había una zanja de cemento. Era un lugar poco común para una niña de contextura pequeña a quien le gustaba el rosa y odiaba los insectos. No obstante, desde el primer momento en que me aventuré a bajar a la zanja, estar escondida me hizo sentir maravillosamente segura.

Ciertamente, si lo miro hoy desde mi perspectiva adulta, todo lo que vería sería una zanja de desagüe sucia. Pero de niña, me encantaba este lugar donde podía apartarme de la vista de otros. La gente pasaba completamente ajena a mi presencia. Y, aunque podía oír cada una de sus palabras, casi nunca prestaba atención. No era más que ruido de fondo.

Los niños peleándose por los juguetes. Las mujeres dejando que los rumores vuelen tan fácilmente como las semillas de diente de león. Y las niñas adolescentes coqueteando con niños que parecían tontos.

Muchos eventos podían girar en torno a la vida de otras personas afuera de la zanja. Pero yo permanecía intocable e indiferente. Era una espectadora, no una participante. Me encantaba esta sensación de que la vida podía suceder a mi *alrededor* pero no *a* mí.

Mi mundo en la zanja se sentía predecible y por tanto seguro. Nunca nadie se acercó a dar un vistazo ni intentó acompañarme. Aunque asumo que el propósito de esta zanja era llevarse el agua de lluvia, aquel año el clima permaneció seco. En muchas ocasiones llevé algunos de mis tesoros a la zanja y los colocaba allí. Me encantaba la sensación de poder controlar mi entorno. Las cosas solamente cambiaban si yo las cambiaba.

Del modo más extraño sentía que mientras me encontrara escondida, la vida permanecería bajo control y a salvo. Era un lugar en donde no me podían afectar las posibilidades aterradoras de mi hogar. Pero no podía vivir en la zanja. Tarde o temprano tenía que regresar a casa cada día. Y dentro del apartamento marrón, las cosas se sentían demasiado impredecibles.

No tenía el control de las cosas que acontecían a mi alrededor, y aun así me afectaban mucho. Ahora sé que mi papá luchaba con cuestiones que no podría haber entendido de niña. Pero en ese momento, sentía que él era increíblemente infeliz cuando yo estaba en casa. Por consiguiente, yo debía ser el problema.

En cierto punto, quizá mi papá sí creyó que era parte del problema, ya que complicaba su vida. Le costaba dinero que no tenía. Y, peor aún, era una niña.

Nunca quiso una niña. Y yo estaba desesperada por ser una hija amada. No existía una solución sencilla para esta cuestión complicada. Mi mayor miedo era que mi papá algún día dejara de venir a casa y me quedara sin padre.

En mi investigación sobre el rechazo, descubrí que existen dos temores principales que estimula la sensibilidad de una persona hacia el rechazo:

- El temor de ser abandonado.
- El temor de perder la identidad.

Cuando era pequeña, no estaba familiarizada con términos tales como ser abandonada o perder mi identidad; pero el aguijón del rechazo era un sentimiento que conocía bien. Cuando un hombre está físicamente presente pero emocionalmente ausente, el corazón de una mujer puede sentirse vacío e indefenso. Esto aplica independientemente de que el hombre sea su padre, su esposo o incluso un hombre a quien respete mucho.

Cuando un hombre está físicamente presente pero emocionalmente ausente, el corazón de una mujer puede sentirse vacío e indefenso.

Así que metida bajo mi cobija de Holly Hobbie, cuando la oscuridad de la noche hacía latir fuertemente mi corazón, susurraba una y otra vez: "Dios, no permitas que mi papá me abandone. No lo dejes ir".

Mi papá me hacía llorar cada día. Usaba la palabra *divorcio* como si fuera su pase a la libertad, no solo de mi mamá, sino también de mí. Él creía que no era gran cosa decir todo lo que pensaba. Pero a causa de que sus palabras tenían tanto peso en mí, cada amenaza de divorcio era la muerte respirándome en la nuca. Porque si realmente se marchara, entonces ¿quién sería? Una niña sin un papá era para mí como una niña sin un lugar en este mundo. Después de todo, si él no podía amarme, ¿quién más lo haría?

El *amor* no era un término que abundara en el vocabulario de mi papá. Sus palabras eran duras; pero era su silencio lo que más me aterraba. Solo me hacía querer correr hacia la zanja. Todos deseamos con desesperación anclar nuestras almas en algo que podemos confiar en que jamás cambiará. No importaba el aspecto de la zanja; importaba lo segura que me hacía sentir.

Sin embargo, sentirse a salvo y realmente estar a salvo no es lo mismo. Un día vino la lluvia y se llevó con ella todos mis pequeños tesoros. La zanja no era un refugio seguro. Era solo una zanja cumpliendo su función. Y una vez que la vi como lo que era, jamás regresé. Todas las cosas de este mundo a fin de cuentas revelan que realmente son anclas inútiles.

Después de algunos años, nos mudamos a una casa azul con alfombra verde. Y mi papá dejó de venir a casa. Y lo último que mantenía unidas mi seguridad y mi identidad se hizo añicos cuando empacó sus pertenencias sin siquiera mirarme. Presioné mi rostro contra la ventana del frente y miré su coche desvanecerse a la distancia. Se había marchado.

El rechazo se estableció en lo profundo de mi corazón. Y llegué a una conclusión devastadora: "No importo. No valgo nada para mi papá". Y aún más perturbadora: "Temo que no valgo nada para Dios". La suma de estos sentimientos se convirtió en mi nueva identidad.

¿Quién es Lysa?

La indeseable.

Despojarse de lo viejo

Después de que mi papá se marchara, traté de avivar lo que quedaba de mí a fin de no colapsar en mi quebranto. Buenas calificaciones. Logros y elogios. Amigos divertidos y buenos momentos. Muchachos que me hacían sentir especial. Trataba de recobrar el equilibrio con cualquier cosa que me ayudara a sentirme mejor.

Pero los sentimientos son frágiles, como lo son las zanjas que no pueden realmente ocultarnos y los papás que no se quedarán.

Al igual que la viga rota en mi casa no podía repararse al simplemente clavarle otro soporte para brindarle apoyo, tampoco yo podía. No solo necesitaba mejores emociones; necesitaba una manera completamente nueva de definir mi identidad. Necesitaba saber qué creía sobre mí misma a la luz de la verdad.

De lo contrario, aquello que creyera sobre mí se convertiría en un fundamento frágil, inconsistente, imperfecto. Nuestras convicciones deberían sostenernos incluso cuando la vida pareciera desmoronarse.

En ese entonces, no podría decir que las convicciones que mantuve me sostuvieron. Durante años, he oído a las personas hablar sobre poner mi identidad en Cristo. Asentía con la cabeza. Memorizaba Colosenses 3:12, el cual proclamaba que yo era uno de los "escogidos de Dios, santos y amados". Pero cuando la vida se sentía amenazadora, regresaba al viejo patrón de pensamiento de sentirme despreciada y rechazada.

Pararme debajo de esas vigas rotas me ayudó a entender el porqué. No podía mantener mis antiguas creencias quebrantadas, clavarles un poco de la verdad de Jesús y pretender estabilidad. Sabía que tenía que dejar de determinar la bondad de Dios de acuerdo con cómo me iba la vida en un momento dado. Los sentimientos son vigas quebradas. Solo la verdad es sólida, inmutable y estable de principio a fin.

Los viejos patrones de pensamiento se deben eliminar, y es necesario establecer una nueva manera de ver la esencia de quién soy en función de la verdad de Dios. Mi identidad debe estar anclada a la verdad de quién es Dios y quién Él es para mí. Solo entonces podré encontrar una estabilidad más allá de lo que mis sentimientos jamás permitirán. Cuanto más cerca alinee mi verdad con su verdad, más me podré identificar con Dios, y mi identidad estará cada vez más puesta en Él.

Esta es la cuestión…cuando mi identidad está vinculada a las circunstancias me vuelvo extremadamente insegura, porque las circunstancias son impredecibles y cambiantes. Me levanto y me caigo con cada éxito y fracaso. Me siento valorada cuando me felicitan pero atormentada cuando me critican. Me desespero por mantener una relación que me haga sentir valiosa. Por ende, me aterra el hecho de que esa persona me deje. No solamente siento que los estoy perdiendo, sino que además siento que estoy perdiendo una gran parte de mi ser.

Mi terrible lema es este: "Debo mantener las cosas bien para poder estar bien".

La manipulación y el control agobiantes que se requieren para proteger una identidad basada en las circunstancias aplastarán nuestros corazones y esconderá lo mejor de quiénes somos detrás de un muro de inseguridad.

Es hora de detener las mentiras y las heridas devastadoras provenientes de este tipo de identidad circunstancial. Debemos enlazar nuestras identidades a nuestro inmutable, impávido, inquebrantable, innegablemente bueno e indiscutiblemente amoroso Dios. Y los lazos que realmente me unen a Él y la verdad de quién soy en Él me son concedidos en esos momentos de quietud cuando digo: "Soy tuya, Dios.

No soy quien ese chico dice que soy. No soy quien esa chica dice que soy.

No soy quien los me gusta y los comentarios de las redes sociales dicen que soy.

No soy quien las calificaciones, las listas de quehaceres, los desórdenes y los desastres dicen que soy.

No soy quien la balanza dice que soy ni la suma de todos mis defectos.

Voy a dejar de coquetear con las cosas inestables de este mundo, a fin de poder enamorarme planamente de ti. Soy amada. Soy querida. Soy tuya. Por siempre tuya".

Cuanto más intimidad tenga con Dios, más segura estará mi verdadera identidad.

Ahora que sabemos esto, la pregunta es ¿cómo podemos vivirlo?

Vestirse de lo nuevo

¿Cómo podemos vivir esto en medio de los altibajos diarios de la vida, la aceptación y los rechazos, los días en que nos sentimos bien y en los que nos sentimos mal y todo lo impredecible que sucede entremedio? Necesitamos desarrollar una "identidad basada en la intimidad", y ello comienza respondiendo estas tres preguntas fundamentales:

* ¿Es Dios bueno?
* ¿Es Dios bueno conmigo?
* ¿Confío en que Dios es Dios?

Enfréntese bien a estas preguntas usando la verdad, y comenzará a sentir esas vigas nuevas y más estables sosteniéndole.

¿Es Dios bueno?

Solía tener un enfoque cauteloso de Dios. Una mira las noticias y rápidamente se pregunta: *¿Cómo puede un Dios bueno permitir tanta locura, tragedias y heridas?* Durante años, había respondido: *¿Qué creo sobre Dios?* con mi cabeza inclinada y una expresión estrecha. "Creo que Él es impredecible y un poco atemorizante".

No dudaba del poder de Dios. No dudaba de su autoridad. Pero sí dudaba mucho de la bondad de Dios. Sin embargo, cuando acudimos a la verdad en lugar de a nuestros sentimientos para hallar la respuesta a esta pregunta, podemos comprender la bondad de Dios desde un nuevo ángulo.

Su bondad ha sido evidente desde la creación. Cuando creó, formó, pintó y esculpió este mundo y sus criaturas para que fueran, su bondad se filtró con cada pensamiento y toque. "Dios miró todo lo que había hecho, y consideró que era muy bueno. Y vino la noche, y llegó la mañana: ese fue el sexto día" (Génesis 1:31).

Cuando Adán y Eva pecaron, su pecado infectó y se infiltró en la bondad de todo lo que Dios había creado. Por lo tanto, aunque todavía existen cosas buenas en este mundo, el mundo dejó de ser un reflejo perfecto de la bondad de Dios.

En Romanos 8:21, el apóstol Pablo explica que el mundo está "atado a la decadencia" o, como dicen algunas versiones, en "esclavitud de corrupción" (RVR1960). Esta decadencia y corrupción es la prueba del quebrantamiento de este mundo. En lo personal esto se evidencia cada vez que la temporada de trajes de baño vuelve a empezar. ¡Y ustedes saben, la celulitis sí existe! Mi cuerpo está atado a la decadencia. Pero esta es una conversación para otro día.

El mundo se encuentra en un estado de decadencia y corrupción. Lo vemos en los terribles patrones del clima, los desastres naturales y hambrunas los cuales no fueron parte del diseño perfecto de Dios. El cáncer, las dolencias y las enfermedades no formaban parte del buen diseño de Dios. Los accidentes automovilísticos, los ahogamientos y los asesinatos no formaban parte del buen diseño de Dios. Como así tampoco los abusos, los divorcios ni las rupturas de relaciones.

El pecado original produjo esas cosas. Cuando el pecado entró al mundo, quebrantó la bondad del diseño de Dios. Asimismo, el pecado ciertamente quebranta el corazón de Dios. Pero de ninguna manera el pecado afectó la bondad de Dios. Él tiene un plan, un buen plan para librar al mundo de todos los efectos del pecado.

> ¡Canten delante del Señor, que ya viene!
> ¡Viene ya para juzgar la tierra!
> Y juzgará al mundo con justicia,
> y a los pueblos con fidelidad.
>
> —SALMO 96:13

Aunque en el entretiempo nos puedan romper el corazón a causa de los efectos del pecado, la bondad de Dios finalmente enderezará al mundo. Mientras tanto, debemos aferrarnos a la verdad de quién es Dios y a su naturaleza inmutable: Dios es bueno. Sus planes son buenos. Sus demandas son buenas. Su salvación es buena. Su gracia es buena. Su perdón es bueno. Su restauración es buena.

Esto es lo que creo acerca de Dios.

Dios es bueno.

¿Es Dios bueno conmigo?

Teniendo como experiencia el abandono de mi padre, me preguntaba cuál era la actitud de mi Padre celestial hacia mí. Después de todo, ¿cómo pudo Dios permitir tanto sufrimiento en la vida de una niña pequeña?

Parecía que cada tres años, a partir del año en que mi papá se marchó, sucedía algún tipo de tragedia horrible que traía una persistente y oscura sombra en mi vida. Maltrato. Divorcio. Abandono. Enfermedad mental. La muerte de mi hermana. Una separación devastadora. El ciclo seguía y seguía.

Incluso después de haber sido cristiana durante mucho tiempo y saber que Dios me amaba, aún tenía esta pregunta insistente sobre por qué las situaciones difíciles tenían que ser tan dolorosas. ¿Realmente Dios estaba siendo bueno conmigo en esto? Creo que C. S. Lewis lo expresó mejor: "No dudamos que Dios hará lo mejor para nosotros; nos preguntamos cuan doloroso resultará ese mejor".[1]

Y es en este punto cuando alguien del estudio bíblico arroja Romanos 8:28: "Ahora bien, sabemos que Dios dispone todas las cosas para el bien de quienes lo aman, los que han sido llamados de acuerdo con su propósito". Me gusta ese versículo. Y creo que aclara la realidad de que incluso cuando algo no se sienta bueno, Dios todavía puede tornarlo para bien.

Pero los versículos 5 y 6 de este mismo capítulo me brindan otro nivel de confianza:

> Los que viven conforme a la naturaleza pecaminosa fijan la mente en los deseos de tal naturaleza; en cambio, los que viven conforme al Espíritu fijan la mente en los deseos del Espíritu. La mentalidad pecaminosa es muerte, mientras que la mentalidad que proviene del Espíritu es vida y paz.

Aquello que no le gusta a mi carne no tendrá sentido para mi carne. Pero si tengo al Espíritu Santo en mí, mi espíritu es diferente porque Dios está allí; su presencia vive en mí. Dará tranquilidad a mi espíritu. Confortará mi espíritu. Me recordará que está conmigo en mi espíritu. Otros podrán decepcionarme y dejarme... mas Dios nunca lo hará.

Por tanto, tengo que mantener mi mente enfocada en aquello que el Espíritu Santo me susurra, no en lo que mi carne grita.

Y en mi espíritu sé que Dios es bueno conmigo.

¿Confío en que Dios es Dios?

Una vez que hemos estabilizado nuestra identidad al remplazar viejos sentimientos por las verdades irrefutables de que Dios es bueno y que Dios es bueno con nosotras, ahora debemos responder una pregunta final: ¿Confío en que Dios es Dios?

Esto no solo estabilizará nuestra identidad, sino que además nos afianzará por completo. Me encantan estos versículos en Isaías 26:3–4:

Al de carácter firme
lo guardarás en perfecta paz,
porque en ti confía.
Confíen en el Señor para siempre,
porque el Señor es una Roca eterna.

El término hebreo para *firme* que se utiliza en este versículo es *samak*, que significa "fortalecer, sostener, soportar". Increíble, ¿no? En otras palabras, al de carácter fortalecido, sostenido y soportado por la verdad y confianza en Dios lo guardarás en perfecta paz. La mente se alimenta de aquello en lo que se enfoca. Lo que consuma mis pensamientos determinará la consolidación o la pérdida de mi identidad.

¿Confiaré en que Dios ve y conoce cosas que yo no? ¿Confiaré en Él cuando no entienda? ¿Cuando las circunstancias sean difíciles? ¿Cuando la gente me traicione o me rechace? ¿Cuando rompan mi corazón? ¿Confiaré en Él hasta el punto de entregarle plenamente el control de mi vida y de mis seres amados?

Si Dios es bueno y Dios es bueno conmigo, entonces debo llenar los espacios vacíos de todo lo desconocido en mi vida con una declaración de confianza resonante: *Dios es bueno siendo Dios.*

No tengo que llegar a entender mis circunstancias actuales. No tengo que llenar el silencio que dejó la ausencia de otra persona. No tengo que saber todos los porqués y los qué sucederá si… Todo lo que tengo que hacer es confiar. Así que con una humildad silenciosa y sin una agenda personal, tomo la decisión de dejar que Dios lo solucione todo. Me postro ante su presencia y simplemente digo: "Dios, quiero que tu verdad sea la voz más fuerte en mi vida. Corrígeme. Confórtame. Acércate aún más. Y confiaré en ti. Dios, tú eres bueno siendo Dios".

Dejar atrás el pasado

Su historia probablemente sea distinta a la mía, pero sospecho que también sufrió rechazos en el pasado que la impulsaron a buscar estabilidad de muchas, y no siempre saludables, maneras. La herida resultante de cualquier forma de rechazo puede demorar y entorpecer nuestro caminar si no la dejamos atrás. Eso es lo que hemos estado haciendo al eliminar esos viejos pensamientos y remplazarlos por un nuevo y firme entendimiento de quién es Dios y lo que ello significa para nuestra propia identidad.

Recuerde lo que mencioné anteriormente en este capítulo. La mente se alimenta de aquello en lo que se enfoca. Si desea saber cuál es el foco de una persona y de qué se nutre, todo lo que tiene que hacer es escuchar las palabras que salgan de su boca.

Vivimos en un mundo corrompido, donde el rechazo, incluso de otros hermanos cristianos, podría estar a la vuelta de la esquina. ¡Pero hay buenas noticias mientras esperamos con expectativas la última redención de Dios! Y es Jesús. Jesús trajo consigo un amor que no cambia, que es constante y que permanece para siempre.

El rechazo de ningún individuo jamás podrá separarme del amor de Dios. Punto final. Sin signos de interrogación. La historia de amor más hermosa jamás escrita es aquella en la que usted fue destinada a vivir con Dios.

Imagínese cuán diferente podría ser si abordara cada día simplemente declarando:

Dios es bueno.
Dios es bueno conmigo.
Dios es bueno siendo Dios.
Y hoy es una nueva página en nuestra gran historia de amor.

Nada de lo que suceda hoy cambiará eso, ni siquiera podrá modificarlo en lo más mínimo. Levante sus manos, corazón y alma y reciba esa verdad mientras hace esta oración:

Toda mi vida he buscado un amor que satisficiera los anhelos más profundos dentro de mí: ser conocida, valorada y aceptada. Cuando me creaste, Señor, tu primer pensamiento acerca de mí hizo estallar tu corazón con un amor que te dispuso a buscarme. Tu amor por mí fue tan grande que tú, el Dios de todo el universo, saliste a una búsqueda personal para cortejarme, adorarme y finalmente sujetarme con el susurro: "Nunca te dejaré".

Señor, suelto todas las cosas a las que me aferraba, las cuales me impedían devolverte tu ferviente abrazo. No quiero que nada me sujete excepto tú. Así que, con intensa admiración, te entrego toda mi fe, toda mi esperanza y todo mi amor.

Me imagino a mí misma llevando las vigas viejas y quebradas que inadecuadamente me sostuvieron y colocándolas en una pila. Esta pila contiene otras cosas de las que puedo despojarme ahora que mi nueva identidad basada en la intimidad está establecida.

La mente

se *alimenta* de

aquello en lo que se *enfoca*,

Lo que consuma

mis pensamientos

determinará la

consolidación o la

pérdida de mi identidad.

Rindo mi necesidad de entender por qué las cosas sucedieron de cierto modo.

Rindo mis temores de que otros se alejen y se lleven su amor con ellos.

Rindo mi deseo de demostrar mi valor.

Rindo mi resistencia para confiar plenamente en tus pensamientos, tus caminos y tus planes, Señor.

Rindo ser tan egocéntrica con el propósito de protegerme a mí misma.

Rindo mi enojo, mi falta de perdón y mi obstinación que me suplican levantar muros cuando siento indicios de rechazo.

Rindo todas estas cosas con mis vigas quebradas y te pido que tu fuego santo las consuma hasta que se conviertan en cenizas.

Y conforme me alejo, mi alma se siente segura. Abrazada. Y verdaderamente libre para por fin ser yo misma.

Capítulo 3

Hay una mujer en el gimnasio que me odia

Hay una mujer en mi gimnasio que me odia. No, hablo en serio. Me ve entrar, y puedo sentir el desdén resoplando en sus orejas mientras que sus pies se agitan a ochenta y siete millas (ciento cuarenta kilómetros) por hora en la máquina elíptica. Honestamente no sé cómo va tan rápido. Una vez traté de seguirle el ritmo.

Fue horrible.

Y creo que ese fue el día en que comenzó su exasperación. Permítame retroceder y confesar mis pecados que detonaron todo este asunto. Las máquinas elípticas están colocadas muy cerca una de otras y sus partes móviles angulares son completamente incómodas. Piense si un rascacielos y un elefante tuvieran un bebé. Así es una máquina elíptica.

Ahora, evoque una imagen mental de la persona más atlética que conozca. Aquella que no tiene ni una gota de grasa en todo su cuerpo, ni siquiera en su ombligo, lo cual debería ser ilegal desde la opinión de mi celulitis. Bien, ¿tiene a su persona?

Esa es ella. Es deslumbrantemente hermosa.

Luego imagínese a un malvavisco vestido con camiseta y pantalones de licra. Su cola de caballo está bastante firme, pero nada más lo está. Esa soy yo. Hola a todos.

Así que tenía en cierto modo que meterme en su espacio solo para subirme a mi máquina, y creo que arruiné su ritmo. Ese fue el pecado número uno.

Y luego decidí intentar estar sincronizada con ella, porque quería enseñarle a toda la gente presente en el gimnasio aquel día que, aunque mis piernas y trasero puedan no verse así, estoy en forma. Mi corazón puede bombear con lo mejor de ellos. Y por todos los cielos, estaba cansada de que me dejara fuera de la máquina elíptica. Ese fue el pecado número dos.

Y luego quizá haya habido una pequeña cuestión cuando contesté una llamada telefónica mientras estaba ejercitando. En mi defensa no es para mí una práctica común en absoluto. Pero me llamó una amiga quien realmente me necesitaba. Ahora me doy cuenta de que debí haberme bajado de la máquina y tomado la llamada en otra parte. Pero estaba en una especie de competición en ese momento y necesitaba ganar en nombre de cada una de las mujeres que se sienten un malvavisco.

Intenté hablar en voz baja, pero cuando siente como que un pulmón podría salirse por su boca en cualquier minuto, es difícil susurrar. Ese fue el pecado número tres.

Tres anotaciones, y me consideró acabada. Loca. Fuera de lugar. Fuera de control. Abandonó su elíptica y se fue ofendida a la cinta caminadora. Y me ha odiado desde entonces. Pero el otro día, algo sucedió. Algo extraño que me dejó asombrada.

Me sonrió.

No era una sonrisa malvada que insinuara "te voy a hacer trizas en el gimnasio", sino más bien una sonrisa del tipo "oh, hola, te he visto aquí antes, ¿cierto?". Me quedé pensando sobre su expresión durante todo el tiempo que ejercité en la elíptica aquella mañana. La analicé por dondequiera que se vea. ¿Se trató simplemente de una reacción de asombro, en la cual se sintió forzada a sonreír porque no supo qué más hacer?

¿O acaso fue un "Creo que podemos ser amigas"?

¿O fue algún tipo de tregua?

Decidí que no se trató de ninguna de las anteriores. Verdaderamente creo que fue una simple sonrisa reconociendo que me había visto, pero que no tenía en absoluto ningún tipo de odio hacia mí. Todo ha sido una cuestión de percepción. Permítame reescribir la historia como ahora creo que realmente sucedió.

Hay una mujer en el gimnasio a quien realmente le encanta ejercitar. Cierto día la muchacha que estaba a su lado hablaba por teléfono, así que en lugar de hacer un escándalo al respecto, simplemente se trasladó a la cinta caminadora. No volvió a pensar mucho sobre ello desde entonces. Pero un día, se encuentra con esta misma mujer en el cuarto de baño, le sonrió y pensó: *Bien por ti por levantarte esta mañana y ejercitar.*

Fin de la historia.

Está claro que desconozco qué pasó por su cabeza al sonreírme. Pero creo que la segunda versión se acerca más a la realidad que la primera, lo que me ha hecho pensar sobre las muchas veces que le asigno pensamientos a otros que de hecho nunca tuvieron. Los responsabilizo de juicios severos que nunca emitieron. Y me adueño de un rechazo que nunca existió.

Sé que no todos los rechazos son así.

Algunos están certificados y son irrefutables. Tan claros como una ventana que acaba de limpiar. Y los sentimientos intensos que la dejan tan horriblemente aturdida como un ave que vuela hacia el este en dirección al sol de la mañana, solo para chocarse de frente contra dicha ventana. El ruido sordo se siente como que podría haberla matado. Así es el rechazo verdadero.

Pero también existe este rechazo percibido, como el que tuve con mi compañera de gimnasio. Ni siquiera creo haya despertado su interés. Pero en mi mente me tenía en el punto de mira. Y así muchas veces se suscita la locura dentro de nuestras cabezas.

Esto me hace recordar a algo que vi hacer a una autora amiga mía hace muchos años y que registré en mi cuaderno de "Frases que me encantan". Ella estaba firmando un libro. Lo hojee para ver qué estaba escribiendo. Su enfoque era simple. Antes de firmar con su nombre, escribía: "Vive amada".

No era solo una instrucción, sino una proclamación. Una que ahora captura mi alma y se aplica tan bien a nuestro análisis en cuestión. Viva desde el lugar abundante de ser amada, y no se encontrará a sí misma rogando por migajas de amor.

¿Cómo realmente funciona?

Vivir amada es un concepto un poco engañoso. Se lo voy a compartir junto con algunas páginas más de mis pensamientos al respecto. Porque la acabo de escuchar, cuando leyó mi gran respuesta a "vivir amada" en la última sección, suspirar con un gran "¿Pero cómo?".

No está sola.

Cuando publiqué algo sobre este tema en mi *blog* el año pasado, mis amigas cibernéticas fueron muy claras al expresar que les gustaba la idea, pero no lograban del todo darse cuenta de cómo realmente funcionaba. Había escrito esa entrada y presionado enviar con esa emoción que se siente cuando todo en la vida parece resuelto. Hice un gesto de victoria, indicando que podría comenzar a festejar.

"Vivir amada" ciertamente es un sermón que se predica muy bien. Pero salga por 2.3 segundos, y la música se detendrá bruscamente mientras que los festejos se marchitan. Quizá sea una buena prédica, pero es realmente difícil vivirla algunos días, porque es difícil vivir algo que a veces no siente.

Es fácil vivir amada cuando me siento amada.

Pero hay días en que simplemente no me siento así.

Cuando el karate de la vida destroza mis sentimientos en palabras como *herida*, *ignorada*, *excluida* el día lunes, y luego el martes a la mañana la mujer del gimnasio me sonríe con satisfacción, ¿cómo rayos se supone que me alegre y no asuma lo peor? Honestamente, no me sale natural pensar en esos momentos: *Mujer, no voy a asumir esa energía negativa que me acabas de mandar, porque vivo amada.*

De ninguna manera, no hay cómo.

Viva desde
el lugar *abundante*
de ser *amada,*
y no se encontrará
a sí misma
rogando por
migajas de *amor.*

Voy a entrar en una depresión, porque eso es lo que hago. Me voy a desanimar y luego me pondré ese andrajoso manto del rechazo y lo usaré durante todo el día. Pero no quiero seguir siendo una esclava de mis emociones desenfrenadas y mis suposiciones. No quiero que mis días sean dictados por el humor de otras personas. Y realmente no quiero que los rechazos de mi pasado alimenten mi inclinación a sentirme rechazada en mi presente.

Quiero la clase de estabilidad emocional sobre la que leo en la Biblia:

Pues al Señor tu Dios vive en medio de ti. Él es un poderoso salvador. Se deleitará en ti con alegría. Con su amor calmará todos tus temores. Se gozará por ti con cantos de alegría.

—SOFONÍAS 3:17, NTV

Me encanta pensar que Dios está en medio nuestro y que me calma con su amor.

Sí, por favor. Llevaré un pedido extra grande de eso cada mañana. Quiero creer que es posible no solo en medio de un estudio bíblico, pero en medio de la vida misma.

Así que decidí ir en busca de "vivir amada". Tomé la determinación de experimentar si realmente es posible vivir desde el lugar del amor. Quiero llegar al punto donde mi reacción inmediata hacia las interacciones desalineadas con otros no sea un espiral descendente de sentimientos inestables, sino de amor estable.

Era un gran encargo. De hecho, un encargo a la vida de tamaño extra grande. Porque tan pronto como comencé, tuve dificultades. Mi reacción natural a las cosas que me suceden no era un sentimiento de amor.

El amor es pleno. Y yo estaba bastante vacía.

Debería haberme sentido feliz. Lo sabía. Podría haber enumerado muchas cosas por las cuales estaba agradecida. Entonces,

¿qué era esta decepción subyacente que menguaba y crecía justo debajo de la superficie de mis momentos más honestos? Me paralizaba y me entristecía.

Entonces, veía algo terrible en las noticias acerca de lo que otras personas estaban enfrentando, y me sentía horriblemente culpable por atreverme a darme el permiso de considerar otra cosa que no sea la gratitud, lo cual acumuló vergüenza por encima de mi tristeza. Quería creer que quizá todo este desequilibrio se debía a que tenía un déficit de azúcar y cafeína. Tomé un puñado de algo con chocolate y lo acompañé con una soda dietética.

Entonces, revisaría mi lista de cosas cristianas pendientes recurriendo a todas las formas de servir, bendecir y dar a otros el tipo de amor por el cual me sentía tan desesperada por recibir. Esas son todas cosas buenas. Actividades fabulosas. Instrucciones bíblicas. Pero cuando se da desde el corazón, cuyo verdadero fin es aquello que espero recibir, no es realmente amor.

Esa no es la respuesta. Dar esperando secretamente algo a cambio es la invitación más grande a la decepción. Eso no es amor. Eso es manipulación. Y es todo tan irreal. Solamente el público está entrenado para aplaudir las actuaciones. Las personas en la vida cotidiana pueden detectar la necesidad de un artista que intenta ganarse el amor. Su instinto no es aplaudir sino más bien sentirse repugnante ante tal falsedad y marcharse.

Ningún alma puede remontarse al lugar de vivir amada cuando es una actuación basada en el esfuerzo. El vivir amada tiene su origen en la rendición diaria a su Creador.

Es como la noción absurda que tenía cuando era niña de que las bailarinas podían volar. Yo quería volar. Así que le supliqué a mi mamá por lecciones y zapatos rosados. Terminé agotada de tantos saltos. Por supuesto, me elevaba un poco en el aire, pero nunca volé. Simplemente caía al suelo de golpe.

No había entendido algo crucial. Una bailarina de verdad no intenta volar. Sencillamente infunde cada movimiento con tal gracia que el público apenas recuerda que ella también es una víctima de la gravedad al igual que nosotras. Sin embargo, no se equivoque cuando observe su elegancia natural y dulzura. Debajo de esas capas de tul que vuelan por encima de sus zapatos de lazos rosados hay un alma llena de determinación y dedos ensangrentados a causa del entrenamiento diario.

La representación en el escenario que concluye con aplausos no es lo que ayuda a la bailarina. Es su regresar diario al instructor que, con amor, corrige sus movimientos en la quietud del estudio. Esas correcciones en lo secreto son su salvación en público. Y me imagino que lo que más anhela es la aprobación de su instructor. Es la fuente que la hace elevarse.

Somos muy parecidas.

La gravedad de vivir en un mundo lleno de pecado siempre tratará de impedirnos vivir siendo amadas. Pero si recordamos a menudo regresar a nuestro Instructor…nuestro Creador…descubriremos que sus manos amorosas aún palpitan para continuar formándonos. Corrigiéndonos. Moldeándonos. Llenándonos. Y completando a diario la buena obra que comenzó en nosotras.

Sí, eso era lo que estaba omitiendo en este esfuerzo por vivir amada. Hacía muchas cosas con Dios en mente, pero realmente no pasaba tiempo en absoluto para que Dios me llenara de su amor abundante. Solía decir que me conectaba con Él; pero con toda honestidad, estaba dejando que el mundo despertara mis sentimientos más profundos.

Decía: *Dios ocupa el primer lugar en mi vida*, pero mi prioridad de cada día era leer mis mensajes de textos en lugar de leer su mensaje.

Publicaba un versículo bíblico y regresaba quince veces la siguiente hora para ver cuántos me gusta tenía.

Pensaba: *Hago todo lo posible para proteger mi matrimonio*, pero entonces miraba una película con tanto amor maquillado que no podía evitar sentirme un poco decepcionada con mi realidad.

Creía que había orado por asuntos, pero en realidad solo me preocupaba por ellas, hablaba sobre ellas con mis amigas y trataba de averiguar cómo resolverlas por mí misma.

Cuán peligroso es cuando nuestras almas agonizan por Dios, pero estamos demasiado distraídas coqueteando con este mundo como para notarlo. El coqueteo le dará oleadas de emociones divertidas por un corto tiempo, pero jamás la atraerá ni la abrazará. Por el contrario, el mundo seduce su carne, pero nunca abrazará su alma. Mientras tanto, el único amor que nos cuida lo suficiente para abrazarnos y nos completa lo suficiente para llenarnos, espera.

Espera cada día con cada respuesta que necesitamos, con cada consuelo que anhelamos, con cada afecto por el que desesperamos, mientras buscamos en todas partes, excepto en Él.

Estaba simplemente tan equivocada. ¿Quizá pueda identificarse? Corremos a una velocidad vertiginosa para tratar y alcanzar cuando Dios sencillamente quiere que frenemos lo suficiente para recibir. Él realmente tiene todo bajo su control. Los vacíos son llenados. El sufrimiento es aliviado. La provisión está preparada. Las necesidades son suplidas. Las preguntas son respondidas. Los problemas resueltos.

Corremos a una velocidad vertiginosa para tratar y alcanzar cuando Dios sencillamente quiere que frenemos lo suficiente para recibir.

Plenamente.
Completamente.
Perfectamente.
En Él. Con Él. Para Él.
Solo tenemos que volvernos a Él. Y sentarnos con Él. Sin importar lo que suceda. Aun cuando nuestros dedos estén

ensangrentados del constante desgaste por correr con desesperación hacia Él. Acércate a Él a diario.

Cómo debe quebrantarse su corazón cuando deambulamos
desesperadamente en busca de un amor que Él espera darnos
cada día.

Imagínese a una niña pequeña corriendo con una taza en su
mano y derramando todo su contenido. Ella piensa que aquello
que la llenará está justo adelante. Solo un poco más adelante.
Prosigue con total determinación, dientes apretados y una taza
vacía agarrada fuertemente.

Continúa corriendo hacia un objetivo que Él nunca estableció
y uno que nunca satisfará. Ella lo ve y extiende su taza, pero
logra atrapar solo algunas gotas mientras lo pasa corriendo,
porque no se detuvo lo suficiente como para ser llenada. El
vacío no puede llenarse con simples gotas.

La trágica verdad es que lo que la llena —y lo que nos llena—
no son los logros o una próxima relación. Ese objeto brillante
de hecho es una aspiradora que nos succiona hasta dejarnos
secas…pero nunca tendrá la capacidad para llenarnos. Yo
debería saberlo, porque allí es donde me encontraba. No existe un vacío semejante: donde sus manos están llenas pero por
dentro no es nada más que un armazón exhausto.

Dado que mi búsqueda acelerada me metió en este desastre, sabía que harían falta momentos de quietud para sacarme
de allí. Necesitaba reconectarme con aquel que sabe cómo dar
aliento de vida y amar en los lugares secos y sin vida. Jesús
no participa en competencias feroces. Él está interesado en los
ritmos más lentos de la vida, como *permanecer, deleitarse* y
habitar; todos términos que nos invitan a confiar en Él desde
nuestro lugar y con nuestro ritmo. Son palabras que se utilizan
para describirnos en su presencia.

"Si permanecéis en mí, y mis palabras permanecen en
vosotros, pedid lo que queráis y os será hecho".

—JUAN 15:7, LBLA

Deléitate en el SEÑOR, y él te concederá los deseos de tu corazón.

—SALMO 37:4

El que habita al abrigo del Altísimo se acoge a la sombra del Todopoderoso.

—SALMO 91:1

¿Pudo ver las hermosas promesas en cada uno de esos versículos? Cuando permanecemos, nos deleitamos y habitamos en Él, entonces Él hace nacer dentro de nosotros deseos que se alinean con sus mejores planes para nuestras vidas. De este modo, puede darnos todo lo que pidamos, porque solamente vamos a querer lo que concuerde con su voluntad. Puede satisfacer nuestros corazones, porque están alineados con el corazón de Dios. Puede prometernos estabilidad, porque estamos conectadas con su constante poder.

Esta es la plenitud de quien pueda vivir verdaderamente amada.

Esta era la clase de plenitud que necesitaba para procesar correctamente a la mujer del gimnasio. Esta es la clase de plenitud que necesito en cada situación que enfrente. Y, sin lugar a dudas, es la clase de plenitud que necesitaré mientras continúe viviendo el llamado de mi vida de compartir el amor de Jesús con este mundo desesperado.

De hecho, cuando Jesús designó a sus discípulos (Marcos 3:14-15), hubo dos partes en su llamado: "Designó a doce, a quienes nombró apóstoles, *para que lo acompañaran* y *para enviarlos a predicar y ejercer autoridad para expulsar demonios*" (énfasis añadido). Es cierto, tenían que salir a predicar y expulsar demonios, pero la primera parte de su llamado fue *acompañarlo*.

La plenitud viene cuando recordamos estar con Él antes de salir a servirle. Él quiere que nuestros corazones estén alineados *con* el suyo antes de que nuestras manos comiencen a trabajar *para* Él.

Por tanto, Él nos ofrece lo que necesitamos y nos invita cada día a recibir de su Palabra en oración, adoración y en verdad. Y Él vuelve a llenar con amor nuestras copas mientras susurra: "Esta no es una carrera para probar al que corre más rápido. Solo quiero que perseveres en el camino que he diseñado especialmente para ti. Pon tus ojos no en el galardón de este mundo sino en permanecer enamorada de mí".

Entonces, y solo entonces, dejaré de coquetear con este mundo. Y, en cambio, obraré desde la plena seguridad de su amor.

No se decide con la mente: *Merezco que me amen*. Ni puedo manipular mi corazón para sentirme amada. Sino que se establece en el alma: *Fui creada por Dios, quien me formó porque amó de gran manera su pensamiento sobre mí. Cuando no era nada, Él vio algo y declaró que era bueno. Muy bueno. Y muy amado.*

Por lo tanto, puedo llevar la atmósfera de amor a cada situación que enfrente. No tengo que esperar por ella, anhelar por ella ni tratar de ganármela. Simplemente llevo el amor que quiero. Entonces, ya no me tienta tanto coquetear con el mundo, esperar su aprobación, porque tengo algo genuino con Dios. Ya no soy tan propensa a caer en el supuesto rechazo que no existe, porque no estoy desesperada por afecto.

Soy amada. Este debería ser el primer pensamiento cada mañana. No por lo increíble que sea. Dios no basa los pensamientos que tiene sobre mí en mis esfuerzos frágiles.

No, el amor de Dios no se basa en mí.

Simplemente es puesto en mí. Y ese es el lugar desde el cual debería vivir... amada.

El amor de Dios no se basa en mí. Simplemente es puesto en mí. Y ese es el lugar desde el cual debería vivir... amada.

Jesús no participa

en competencias feroces.

Él está interesado en los ritmos más lentos

de la vida como *permanecer,*

deleitarse

y *habitar;*

todos términos que nos invitan

a confiar en Él desde nuestro lugar

y con nuestro ritmo.

Capítulo 4

Sola en una habitación concurrida

Deseaba que la pequeña habitación se partiera y me tragara por completo. Y simplemente me envolviera en un abismo que de manera simultánea me ocultara y me quitara de allí. Es doloroso estar en una habitación concurrida y sentirse sola. Todos tenían a alguien. Sus conversaciones y risas se elevaban en una sinfonía de conexión. Miré a mi alrededor, y no había ni un alma que reconociera. Más de cincuenta extraños para mí pero aparentemente amigos entre sí.

Mi mente demandaba que solo caminara y me presentara a alguien, a cualquiera. Pero mi corazón sentía que todos estaban profundamente inmersos en conversaciones que me resultarían súper incómodas interrumpir. Desesperada porque otros no encuentren mi soledad dolorosamente obvia, sabía que tenía que lucir ocupada. Intencional. Y naturalmente cómoda con mi estado solitario.

Tomé mi teléfono con tal urgencia que parecía que el mundo fuera a detenerse en un instante si no atendía este asunto importante. Actualicé mi cuenta de Instagram cuatro veces y respondí un correo electrónico. Era crucial agradecerle a mi veterinario en ese preciso momento por el recordatorio de las vacunas necesarias para mi perro. Santo cielo, ¿a qué se ha reducido mi mundo?

Sentí como si miradas de pena me apuñalaran. Hola, preparatoria. Creí que me había librado de ti cuando solo era una persona pequeña, diminuta, sin palabras como *celulitis* y *estrías* en mi vocabulario. Pero obviamente no.

Era hora de cruzar la habitación. *Por favor, Señor, permite que haya química con alguien, con cualquiera, que me deje unirme a su conversación.* Avancé hacia la mesa de la comida. Tres bastones de zanahoria y cuatro tallos de brócoli con algo de salsa *ranch* nunca se vieron tan atractivos dado que tuve algo para hacer. Algo más que contar los puntos en los espirales de la alfombra.

Y luego divisé lo que esperaba que fuera mi gracia salvadora. ¡Un sujeto sirviendo refrescos! Estaba parado detrás de una mesa llena de botellas de agua y refrescos, y lucía completamente fascinado con nada en absoluto. Bingo. Él podría ser mi persona por al menos diez minutos si lograra pensar en suficientes preguntas para hacerle.

Por supuesto, le haría acordar a su mamá o a su hermana o a su prima a quien tuvo que llevar al baile de graduación el año pasado para complacer a su insistente tía. Y él estaría feliz de seguir la conversación de esta chica desesperada de cabello erizado. Lo cual, de hecho, le daría algo más de que hablar con él: situaciones del cabello. ¡Sí!

Más que brillante.

Podría explicarle que mi cabello se eriza cuando transpiro, a menos que utilice este producto asombroso por el que le pago tanto a mi estilista, pero olvidé empacarlo para este viaje, por eso... ja, ja... parece que voy a recibir una llamada de los ochenta en cualquier minuto, pidiéndome que les devuelva su peinado. Entonces ambos reiríamos, y este joven muchacho de pronto se convertiría en mi mejor amigo por el resto de este penoso encuentro.

En serio. Era un buen plan.

Así que, con grandes expectativas, me acerqué y decidí que iría con calma con mi primera pregunta. Después pasaría al cabello erizado y la llamada de los ochenta y sobre ser mi nuevo mejor amigo. Pero primero lo primero. Después de todo, no quería parecer desesperada, ¿sabe?

Así que le pregunté de dónde era. Mejor primera pregunta imposible. Excepto cuando me respondió: "Aquí tiene", y se dio la vuelta y regresó a la cocina. Quería otra oportunidad. ¡Debí haber ido directo a la charla sobre el cabello! Al menos lo habría retenido por cinco minutos como mucho. Ahora no tenía nada. Excepto el deseo de perseguirlo hasta la cocina y pedir si podrían ocultarme en la despensa durante la siguiente hora.

Soporté diez minutos más de soledad en esta reunión y luego inventé un pretexto para decirle al anfitrión por qué necesitaba escabullirme. Note la elección cuidadosa de la palabra *escabullirme*, la cual significaba regresar tan rápido como fuera posible al hotel, meterme en mi abultada cama y cubrirme la cabeza con las sábanas por días o, posiblemente, para siempre. No lo había decidido.

¿No es extraño como una puede literalmente codearse con muchas personas pero sentirse completamente sola? Proximidad y actividad no siempre equivalen a conectividad.

---

*Proximidad y actividad no
siempre equivalen a conectividad.*

A primera vista, la conectividad requiere que me conecte con otra gente y que ellos se conecten conmigo. Por supuesto, ese encuentro al que concurrí fue un ejemplo extremo de estar sola en una habitación llena de gente; pero ese sentimiento no se limita a ese incidente en particular. Puedo sentirlo cuando las cosas se enfrían y crece el silencio en la relación con mi esposo. Y en lo profundo de mi ser, quiero pedirle perdón, pero mi orgullo se apropió de todas mis palabras amables. Así que el silencio continúa. Y aunque está justo a mi lado, no estamos ni cerca de conectarnos.

Y ese sentimiento se puede dar cuando estoy con un grupo de mujeres, y pareciera que no puedo participar en la conversación. Por dentro, me castigo por no ser más brillante o no estar al corriente de los eventos mundiales actuales o de las tendencias de moda. Para colmo, parecería fluirles todo sin ningún esfuerzo. Incluso son capaces de comer solo seis bocados de un almuerzo sin carbohidratos y quedar completamente satisfechas. Yo me pido un agua con limón en lugar de una soda dietética y siento que es una gran victoria. Termino sentándome como una observadora y concluyo mis intentos por conectarme al comer otras tres rebanadas de pan.

O asisto a una conferencia con colegas escritores, y sus ideas suenan un millón de veces más creativas e innovadoras que la mía. Así que guardo mi contribución en mi bolso y permanezco en silencio. Mi esperanza de intercambiar ideas y sugerencias y compartir conocimiento colectivo se desvanece en algunos gestos y expresiones de asombro elaborados de esa clase de modales que mi mamá me hizo tomar. Los aliento, pero no me conecto con ellos.

En cada una de estas situaciones estoy rodeada de personas. Pero me siento extremadamente sola.

Y reflexiono en secreto cómo los eventos de ese día claramente señalan las cuestiones de las otras personas: su egocentrismo, sus problemas del pasado, su insensibilidad. Bla, bla...¿no quisiera una invitación a mi fiesta de autocompasión? Mientras creo ver con claridad cristalina que el problema son todos los demás, soy cegada por las mismas cosas de las cuales los acuso.

Sí, existía un problema.

No obstante, el problema no era la gente de la fiesta. El problema no era mi esposo ni ese grupo de mujeres ni los colegas escritores. Era yo por no estar preparada de antemano con una plenitud que solo puede provenir de Dios.

Era como si me involucrara en cada una de estas situaciones y de pronto me sintiera incapaz de respirar a menos que alguien más me invitara a entrar. Toda la habitación estaba repleta de aire puro, pero dado que me negaba a recibirlo, sufría.

No puedo esperar que ninguna persona sea el oxígeno para mi alma. No puedo vivir como si mi próximo aliento dependiera de si me van a dar o no suficiente aire para mis pulmones, a fin de no agonizar. Porque esta es la cuestión. A la gente no le molesta realizarle primeros auxilios a una víctima grave, pero ninguna persona está equipada para ser el salvavidas de otra.

Debemos respetarnos lo suficiente como para romper el patrón de colocar expectativas irreales sobre otros. Después de todo, la gente no nos respetará más de lo que nos respetamos a nosotras mismas.

No, no está mal necesitar a las personas. Pero algunas de nuestras mayores decepciones en la vida son el resultado de poner expectativas sobre otros que jamás podrán cumplir. Es allí cuando el deseo de conectarnos se vuelve una necesidad irreal. La necesidad irreal es de hecho avaricia encubierta. Es como decir: "Mis necesidades y deseos merecen aprovecharse de o incluso agotar los tuyos". Esto nunca producirá una relación exitosa.

He aquí el giro secreto que debemos tomar: ¿Me involucro en situaciones preparada con la plenitud de Dios, libre para buscar cómo puedo bendecir a otros?

O...

¿Me involucro en situaciones vacía y dependiente de otros para que me bendigan?

Las personas que son llenas de Dios no son superhéroes con polvo mágico de confianza supurando de sus poros desde los cuales una persona normal simplemente transpira. No son quienes entran en una habitación con un alborotador: "¡Hola, hola, hola! ¡Ya llegó el alma de la fiesta!". Y desde luego no son quienes circulan la habitación, asegurándose de que sus intereses sean el tema de cada conversación.

No, la plenitud de Dios habita en los lugares sagrados dentro de ellos. La plenitud de Dios es el oxígeno para sus almas. No quiere decir que no necesiten a las personas. Sí, las necesitan. Dios los creó para vivir en comunidad. Pero aman desde un lugar lleno, no desde una desesperación vacía. Como hablamos en el capítulo anterior, viven amados.

Sin embargo, vivir amados no es solo una actitud; sino una decisión que toman cada día. No es simplemente una posibilidad que deberían intentar. Es la única solución que realmente funciona. Tenemos que enseñarles a nuestras mentes a vivir amadas. Pero entonces también debemos enseñarle a nuestra carne a negarse a sí misma.

Cuanto más nos llenemos de su amor vivificante, seremos cada vez menos gobernadas por los deseos de la carne.

Este es mi deseo. Y supongo que el suyo también.

Ser llena del amor de Dios establece, fortalece y saca lo mejor de nosotras. Por el contrario, cuanto más carnales seamos, más nos aferraremos a todo y a todos para llenar ese dolor por amor y aceptación.

No me gusta sufrir. De ningún modo. Uno de mis sufrimientos procede de mi profunda debilidad italiana por la pasta. En serio, amo la pasta, pero ella no me ama. Por lo tanto, tuve que tomar la decisión de no arriesgar el placer temporario de mis papilas gustativas por lo que de seguro serán horas de rebelión en mi estómago. Mi carne quiere hacerme creer que la felicidad a corto plazo vale más que la miseria a largo plazo.

Sin embargo, he descubierto algo sobre derrotar la carne. Si satisfago mi estómago con alimentos saludables antes de ser tentada con la pasta, puedo decir que no. Es mucho más fácil rechazar un plato de pasta si ya se siente completamente satisfecha. Pero si está hambrienta, es difícil rechazar un plato de lo que sea. Nuestras almas y nuestros estómagos son parecidos en este sentido.

Una de las descripciones más hermosas sobre la plenitud de Dios se encuentra en la oración de Pablo por los efesios:

Por esta razón me arrodillo delante del Padre, de quien recibe nombre toda familia en el cielo y en la tierra. Le pido que, por medio del Espíritu y con el poder que procede de sus gloriosas riquezas, los fortalezca a ustedes en lo íntimo de su ser, para que por fe Cristo habite en sus corazones. Y pido que, arraigados y cimentados en amor, puedan comprender, junto con todos los santos, cuán ancho y largo, alto y profundo es el amor de Cristo; en fin, que conozcan ese amor que sobrepasa nuestro conocimiento, para que sean llenos de la plenitud de Dios.

—EFESIOS 3:14–19

Mi parte favorita de la oración de Pablo es cuando pide que tengamos el poder para *comprender* la plenitud del amor de Cristo...porque entonces *seremos llenas* de la plenitud de Dios. Es imposible comprender la plenitud de Dios sin comprender la plenitud del amor de Cristo.

En lo íntimo de quiénes somos, anhelamos la aceptación que proviene de ser amadas. A fin de satisfacer este anhelo podemos asirnos del amor de Dios o asirnos del amor de las personas.

Si comprendemos el pleno amor de Cristo, no buscaremos ser llenas de otras cosas. O si lo hacemos, nos daremos cuenta. Sentiremos un pinchazo en nuestro espíritu cuando nuestra carne dé golpes frenéticos de felicidad, comprometiendo crisis de atención, suposiciones paranoicas sin fundamentos, intentos tristes de superar a otros y declaraciones mezquinas de orgullo. Todas sentiremos estas cosas, y estaremos lo suficientemente disgustadas como para por lo menos detenernos.

En esta pausa radica la decisión diaria más importante que podamos tomar. ¿Estoy dispuesta a decirle no a mi carne, a fin decirle sí a la plenitud de Dios en esta situación? Aquí es donde me meto en problemas. Y aquí es donde me metí en problemas aquel día en la fiesta. Y en este punto es donde apuesto que usted también tropieza.

Comprendo el amor de Cristo.

Me doy cuenta cuando tomo decisiones que no reflejan el amor de Dios.

Estoy disgustada por esas decisiones.

Estoy dispuesta a no ceder a la voluntad de mi carne.

Solo que no estoy segura de *cómo* hacerlo.

Cuando los rechazos del pasado me vuelven tan propensa a satisfacer o al menos adormecer la carne para evitar más dolor, es difícil resistir.

Cuando se siente sola y ve que su exnovio publica una foto con una chica nueva, en la que se están riendo, tomando de la mano y luciendo extremadamente feliz, su carne querrá tomarse de algo. Es difícil no consolarse a sí misma enviándole un mensaje de texto a otro muchacho para conseguir un poco de atención y sentirse mejor.

Cuando escucha a otras mamás hablar sobre todo el progreso que sus hijos están haciendo en leer y su hijo ni siquiera puede identificar las letras, su carne querrá agarrarse de algo. Es difícil no arrojar un comentario para superar a las madres presumidas sobre algún área en donde su hijo sobresalga.

Cuando su marido no responde su teléfono y entonces se comunica al trabajo solo para enterarse de que se marchó temprano, su carne querrá tomarse de algo. La paranoia se apodera de usted, y para cuando entra por la puerta, prácticamente lo acusa de tener una aventura.

¿Nos tienta tomarnos de todas estas cosas? No nos llenarán del modo que pensamos. A fin de cuentas, solo nos hacen sentir más vacías y más rechazadas.

Es cierto que el concepto de no ceder a la voluntad de la carne puede sonar muy bien por escrito, pero en medio de los aguijonazos dolorosos del rechazo, a menudo nos podemos sentir muy indefensas. Es allí cuando tenemos que saber que no se espera de nosotras que pongamos buena cara y deseemos que todo salga bien. Tenemos poder por medio de Cristo, quien está por encima de todo poder, incluso de la atracción a los apetitos de la carne y al aguijón del rechazo. Cuando tenemos a Cristo, somos plenas y plenamente amadas y aceptadas y fortalecidas para decir que no.

Esto es verdad en los días en que sentimos el amor de Jesús y sigue siendo verdad cuando no lo sentimos en absoluto. Si vivimos arraigadas y cimentadas en su amor, no solo tendremos el conocimiento de su amor en nuestras mentes, sino que se volverá una realidad que nos ancla. Aunque soplen los vientos de las heridas y el rechazo, no seremos conmovidas. Su amor nos sostiene. Su amor nos establece. Su amor es un peso glorioso que impide que las palabras duras y las situaciones dolorosas sean una fuerza destructiva. Sentimos el viento, pero este no nos destruye. Esta es la "plenitud de Dios" que se menciona en los versículos de Efesios 3 que acabamos de leer.

Hay poder en realmente conocer esto. No es algo que dependa de sus logros o de si otra persona la ama o la acepta. Ni depende de si siempre se siente plena. Usted es plena, porque Cristo la hizo plena.

Sí, soy plenamente amada, plenamente aceptada y plenamente fortalecida para decirle no a mi carne. Declare esa verdad por el poder que Él le ha dado. Crea esa verdad por el poder que Él le ha dado. Viva esa verdad por el poder que Él le ha dado.

Así es como le dice no a su carne. Así es como vive preparada en la plenitud de Dios.

En la plenitud de Dios

Cuando fui a ese encuentro, podría haber estado completamente preparada al decirme a mí misma: "Llevo la plenitud de Dios conmigo. Por lo tanto, mi misión es llevar su aceptación y amor a este lugar".

Este no es un intento legalista para ganar puntos con Dios. Es una manera auténtica de vivir como alguien que sabe que es verdaderamente amada por Dios. Aprecio en gran manera el aporte de Eugene Peterson sobre Gálatas 5:22–25, el cual resume cómo vivir en la plenitud de Dios en los detalles cotidianos de nuestras vidas:

Pero ¿qué sucede cuando vivimos conforme a la voluntad de Dios? Él produce dones en nuestras vidas, del mismo modo que los frutos crecen en el huerto, tales como el amor fraternal, el entusiasmo por la vida, la serenidad. Desarrollamos una disposición a aferrarnos a las cosas, un sentido de compasión en el corazón y la convicción de que una santidad esencial impregna las cosas y a las personas. Nos encontramos a nosotros mismos involucrados en compromisos leales, sin la necesidad de forzar nuestro modo de vida, capaces de administrar y dirigir nuestra energía con sabiduría.

El legalismo no puede hacer nada al respecto, solo se interpone en el camino. Para los que pertenecen a Cristo, todo lo que concierne a hacer nuestra propia voluntad y responder sin pensar a lo que todos los demás llaman necesidades es eliminado para siempre: crucificado.

Dado que esta es la clase de vida que hemos escogido, la vida del Espíritu, procuremos que no sea solo una idea en nuestras mentes o un sentimiento en nuestros corazones, sino que resolvamos sus implicaciones en cada detalle de nuestras vidas (THE MESSAGE) [El Mensaje].*

Es hora de prepararnos, ahora mismo, con la plenitud de Dios. Antes de una próxima fiesta. Antes de esa próxima discusión con sus maridos o amigos o vecinos. Antes de dar ese próximo paso en busca de nuestros sueños. Antes de esa próxima herida, dificultad o sufrimiento. Debemos establecer esta verdad en nuestro corazón, mente y alma.

A la luz del profundo afecto de Dios, ya no tenemos que seguir viviendo en temor al rechazo.

Cuanto más invitemos a entrar a Dios, menos posibilidades tendremos de sentirnos rechazadas por otros.

---

* N. del T.: Se traduce la versión The Message (El Mensaje), ya que no existe en español una versión similar de la Biblia. The Message fue creada y traducida por Eugene H. Peterson y es una traducción idiomática de los idiomas originales de la Biblia.

Cuanto más *invitemos* a entrar a Dios,

menos posibilidades

tendremos de sentirnos

rechazadas

por otros.

Capítulo 5

Hola, mi nombre es Problemas de Confianza

He vivido casi toda mi vida indecisa. Soy una persona que medita, que analiza, quien reacomoda los pensamientos y las cosas de manera más ordenada. Quisiera que todos los eventos de la vida se alinearan con un poco de predictibilidad, a fin de poder sentir que mi gente y yo avanzamos en la dirección del gozo y de la paz.

Ansío que la vida tenga sentido.

Me estremezco cuando no lo tiene.

Entonces, lucho con mis preguntas en oración. Digo lucho porque siempre hago sugerencias y predicciones. Es como si le dijera a Dios: "Este es el plan, y, confía en mí: es realmente bueno, Dios. Así que si podrías bendecirlo...sin entrometerte...solo bendícelo y vamos a estar bien".

Como si tuviera idea.

Hola, mi nombre es Problemas de Confianza. Encantada de conocerla.

Quisiera que la vida fuera tan estable como un problema matemático. Dos más dos siempre es igual a cuatro. Será igual a cuatro hoy. Será igual a cuatro mañana. Y será igual a cuatro en los años venideros.

Las ecuaciones matemáticas no experimentan separaciones ni decepciones. No sufren de cáncer. Ni tienen a su amiga a quien la transfieren y se muda al otro lado del país. No tienen romances ni amores incompatibles. Son altamente predecibles y, por lo tanto, son fáciles de confiar.

La vida y las relaciones no resultan tan ordenadas. Son más como hilos sueltos. A veces una tira de un hilo suelto y lo desprende tal como pensó. Perfecto. Problema resuelto. Pero entonces otro día intenta lo mismo con otra prenda de vestir, y cuando tira, toda la prenda se desenreda capa por capa. Se queda con un montón de hilos enmarañados que jamás podrá volver a tejer.

No tiene sentido. No se lo esperaba. No estaba preparada para el resultado. Nos quedamos mirando y lloramos esta pérdida inesperada. Y nos vuelve aún más vacilantes querer tirar de otro hilo o probar una nueva relación. Ambos se sienten increíble e imposiblemente riesgosos en un mundo tan lleno, demasiado lleno, de lo inesperado.

Sobre todo cuando el rechazo sea la causa de algunas de sus pérdidas inesperadas, la niña indecisa puede fácilmente volverse completamente resistente. Y si no somos cuidadosas, esta resistencia puede convertirse en rebeldía contra las oportunidades divinas.

La vida no tiene sentido. Las personas no tienen sentido. Y en los momentos más crudos de honestidad, Dios no tiene sentido. Todo esto nos hace aferrarnos a nuestra confianza hasta que se vuelve más vinculada a nuestros temores que a nuestra fe. Ahí es donde me encontraba cuando Bob y María tendieron sus manos para estrechar la mía e invitarme a su casa en las montañas. Sabía acerca de ellos. Nos movíamos en los mismos círculos. Conocíamos a algunas de las mismas personas. Nos gustaba el mismo tipo de cosas.

Pero no los conocía realmente tan bien. Y debido a que había tenido una serie de situaciones desafortunadas, me sentía —como lo describe esa canción de *rock*— *"once bitten twice shy"*. (N. del T.: Esta expresión significa quien ha padecido algún daño en una situación peligrosa teme hasta la apariencia de aquello que le ha hecho sufrir). Excepto que me han escarmentado muchas veces. Resistente. Tambaleándome al borde de la rebeldía. No quería abrirme a otra posible decepción complicada.

Entonces, razoné: *Escapa pronto para no tener que sufrir después el dolor de la decepción.* Algunos lo llaman autoprotección. Pero yo sabía que en mi caso era dejar que las heridas del pasado me vuelvan a hacer daño.

Con cortesía les respondí que su invitación era increíblemente amable y que vería si podría funcionar... pero que no creía que fuera a ser posible. Y mientras les decía esto con expresiones de posibilidad en mi rostro, sabía que no había ninguna posibilidad en mi corazón.

De ninguna manera.

Iban a tener un retiro en su casa en las montañas con un grupo ecléctico de algunas de sus personas favoritas, y, de algún modo, me incluyeron en la lista. Por un lado, me sentía muy honrada de que hubieran pensado en mí. Por el otro, el hecho mismo de que hayan pensado en mí me asustaba.

Así que sabía con certeza que no iría. Excepto que en el último minuto les escribí que sí y acepté su invitación. No tengo idea cómo sucedió.

Viajé literalmente en avión, autobús y lancha hasta un lugar tan oculto y ajeno a las realidades cotidianas que ni siquiera internet había llegado allí. Ni una torre celular.

Esta iba a ser una oportunidad verdaderamente asombrosa o una después de la cual mi gente jamás me volvería a ver, y aparecería en algún programa *Dateline* en donde la voz grave y misteriosa de Keith Morrison diría: "Todo comenzó con una extraña invitación a un lugar extraño con personas extrañas quienes se volvieron peligrosas".

Mi mente es tan propensa a escapar de los peores escenarios posibles y comenzar a redactar historias siniestras que nunca sucederán. En serio.

Sin embargo, desde el momento en que nos acercábamos a las montañas pacíficas, inmersos en un lago tan cristalino que reflejaba cada detalle del cielo, sabía que iba a estar bien. Dios obviamente había bendecido este lugar. Y fue allí donde Dios trataría con algunos de mis problemas de confianza.

Pasó el primer día sin que deseara tener alas y volar a casa. La única vez que estuve cerca fue cuando me eligieron para estar en el equipo de nado sincronizado. Y debido a una complicación con los horarios, no tuve tiempo para (ejem) rasurarme antes de vestir el traje de baño enfrente de todo el grupo. Así que, improvisé usando pantalones largos de licra y una camiseta.

Todo iba bien hasta que un sujeto bienintencionado me preguntó si formaba parte de una orden religiosa que les prohibía a las mujeres usar trajes de baño. Dado que creo que la honestidad es la mejor política, simplemente le respondí: "No, amigo. Solo no quería que el vello de mis piernas pinchara a las personas que se me acercaran. Y también está esta cuestión que tengo con la celulitis, así que básicamente estos pantalones eran una solución beneficiosa para todos los involucrados".

La expresión en su rostro me dijo que contaría historias sobre mí por días. Más allá de eso —y del pequeño detalle de que la compañera de cuarto que me habían asignado era una estrella de televisión adolescente, a quien los míos *adoran* y morirían si supieran que ahora prácticamente era su mejor amiga— todo fluyó de manera distendida el primer día.

(Y por mejores amigas, me refiero a que básicamente le admití que a veces ronco y le di total permiso para golpearme si se produce dicho evento. Y luego dormiría sentada, con temor de que también le diera motivos para hablar por días. Así que, en efecto, nos hicimos amigas).

Después de sobrevivir el primer día, empecé el segundo día con un poco más de confianza. Gran error. Una sabe que está en problemas cuando le entregan un casco para usar en la próxima actividad. El circuito de cuerdas.

Estoy segura de que ya habrá discernido que no soy la persona más atlética. Ni osada. Ni aficionada de los resultados impredecibles, en especial cuando mi mente grita: ¡Estoy a un

❧

Aquello que veamos

confrontará lo que

sabemos a menos

que lo que sepamos

dicte lo que

veamos.

❧

desliz de la muerte! Así que, llevarme a los árboles con nada más que cuerdas para estabilizarme y evitar que caiga, no era la mejor de las situaciones. Le ordené a mi corazón que permaneciera en mi pecho y a mis pulmones que recordaran seguir respirando. Me sacudí, me balanceé y tartamudeé todo el trayecto hasta la última estación.

Allí fue cuando me di cuenta de que la gran salida de este circuito consistía en saltar de una plataforma para atrapar una barra suspendida a varios metros de distancia. Era como pedirme que saltara de Carolina del Norte a California y, justo cuando estuviera atravesando el Gran Cañón, me sujetara de un palillo en el aire. Cada partícula de saliva desapareció de mi boca, impidiéndome expresarles adecuadamente a los guías del circuito de cuerdas que era hora de localizar la salida de emergencia.

Porque no había manera en este mundo de que me hicieran saltar.

Y entonces apareció Bob. Con su gran sonrisa, cabello canoso y brazos magnéticos con la gracia más pura, me acercó hasta el borde.

"Lysa, esto no se trata sobre terminar el circuito de cuerdas; sino de conquistar tu indecisión, resistencia y temor. Estas cuerdas que te sostienen te dejarán ligeramente caer si le fallas a la barra. Entonces ellos te atraparán, y de ninguna manera te vas a caer", me susurró como si pudiera ver a través de la ventana de mi alma.

Miré el espacio que había entre el borde de la plataforma y la barra. Veía la muerte. Bob veía la vida.

Una gran ilustración para la palabra *confianza*.

Aquello que vemos confrontará lo que sabemos a menos que lo que sepamos dicte lo que veamos.

Bob sabía que las cuerdas me sostendrían. Por lo tanto, miró el espacio de lo desconocido con la plena seguridad de que mi salto sería bueno. Vivificante. Encantada de capturar la palabra abstracta de *confianza* y convertirla en un evento tan concreto que nunca olvidaría. La palabra *confianza* es como el aire;

sabe que está allí, pero es difícil visualizarlo. Bob sabía que este salto tenía el potencial de ser una completa obra maestra que estaría colgada en la galería de fe de mi mente.

Pero, mejor que todos, Bob sabía que mi habilidad de sobrevivir a este salto no tenía nada que ver con mis esfuerzos. Permanecía segura parada en la plataforma. Permanecería segura en el aire. Y, absolutamente, permanecería segura si atrapaba o no la barra.

Mi seguridad no dependía de mi ejecución.

Yo sentía exactamente lo opuesto a Bob.

Sin importar lo que Bob dijera, sentía que toda mi vida dependía de si era o no capaz de atrapar la barra. Dado que me sentía débil, el salto parecía imposible. La vida y la muerte dependían de mi ejecución.

Y, peor aún, no sentía que estuviera a salvo. Las mujeres que tienen el susurro persistente del rechazo todavía resonando en los vacíos de sus almas raramente se sienten del todo seguras. Miran el espacio de lo desconocido y a lo sumo dudan. En el peor de los casos, salen corriendo. Desean que la vida tenga sentido. Se estremecen cuando no lo tiene. Es insondable dar un salto a algo tan incierto como el aire y esperar quedar intactas.

La confianza para mí era una palabra para usar en una respuesta de estudio bíblico o en canciones de alabanza. Buena en la teoría, pero mala en la práctica. Utilizarla en la vida real era una total y completa insensatez, la cual me conduciría al quebrantamiento. O, en este caso, a la muerte.

"Salta, Lysa", insistió Bob.

"No puedo", grité. "Aun si quisiera, no sé cómo". Mis pies y mi cerebro se habían desconectado. Las señales no llegaban a las fibras de mis músculos. No podía saltar. Tampoco podía darme la vuelta y correr. Para este entonces, había espectadores reunidos debajo. Comenzaron a cantar mi nombre y a alentarme a que saltara.

Me sentía completamente expuesta. Bob me susurró: "Eres amada. Ahora, cuando estés lista, salta".

No puedo decirle por cuánto tiempo estuve parada allí. Se sintieron como días y milésimas de segundos al mismo tiempo. El mundo rotó, se inclinó y se desplazó sin que yo ni siquiera contrajera una fibra muscular. Me olvidé de respirar. No podía siquiera parpadear.

David también tembló

Imagino que ha atravesado por situaciones las cuales también se han sentido bastante paralizantes.

David de la Biblia ciertamente conocía este sentimiento.

Y uno de los escritos más populares de David es perfecto para estos tiempos. Ahora, incluso si ha leído este salmo muchas otras veces, no lo pase por alto. Tengo algo muy dulce que mostrarle.

Desconozco cuándo David escribió el Salmo 23; pero sí sé que en algún punto de su vida, David también aprendió a temblar ante las encrucijadas de la confianza. Aunque ciertamente hubo veces cuando dio vueltas, lo veo vez tras vez saltar hacia Dios.

El Señor es mi pastor, nada me falta;
  en verdes pastos me hace descansar.
Junto a tranquilas aguas me conduce;
  me infunde nuevas fuerzas.
Me guía por sendas de justicia
  por amor a su nombre.
Aun si voy por valles tenebrosos,
  no temo peligro alguno
porque tú estás a mi lado;
  tu vara de pastor me reconforta.

Dispones ante mí un banquete
  en presencia de mis enemigos.
Has ungido con perfume mi cabeza;
  has llenado mi copa a rebosar.

La bondad y el amor me seguirán
todos los días de mi vida;
y en la casa del Señor
habitaré para siempre.

David comienza esta impresionante declaración del alma con la seguridad de que con Dios hay plenitud. Nada nos faltará. Nada se podrá agregar o sustraer con la aceptación o el rechazo humano. Con la plenitud de Dios, somos libres para dejar que los humanos sean humanos: inconstantes, frágiles y olvidadizos.

Con la plenitud de Dios, somos libres para dejar que los humanos sean humanos: inconstantes, frágiles y olvidadizos.

La Biblia nos lo recuerda muchas veces:

- ¿Qué diremos frente a esto? Si Dios está de nuestra parte, ¿quién puede estar en contra nuestra? (Romanos 8:31).
- Pues Dios ha dicho: "Nunca te fallaré. Jamás te abandonaré". Así que podemos decir con toda confianza: "El Señor es quien me ayuda, por tanto, no temeré. ¿Qué me puede hacer un simple mortal?" (Hebreos 13:5-6, ntv).
- El Señor es mi luz y mi salvación; ¿a quién temeré? El Señor es el baluarte de mi vida; ¿quién podrá amedrentarme? (Salmo 27:1).

La paz de nuestra alma no aumenta y disminuye conforme a las situaciones y personas impredecibles. Nuestros sentimientos cambiarán, desde luego. Las personas sí nos afectan. Pero la paz de nuestra alma está vinculada a todo lo que Dios es. Y si bien no podemos predecir sus planes específicos, el hecho de que Dios torna todas las cosas para bien constituye una promesa completamente predecible.

Al igual que aquellas cuerdas envolvían mi cuerpo, sosteniéndome a través del circuito de principio a fin, estos versículos envuelven nuestra alma con una seguridad constante. Dios nos guiará, nos confortará, nos mostrará el camino, caminará con nosotras, preparará lo mejor para nosotras y continuará llenándonos con tal generosidad que no seremos solo llenas sino que hará nuestra copa rebozar.

Todo esto es cierto. Ya no hay necesidad de dudar. Pero debemos tener cuidado de una cosa: si nos enamoramos de algo en este mundo que creamos que ofrece mejor plenitud que Dios, le haremos espacio. Dejaremos filtrar su llenura para dar lugar a aquello que queramos perseguir.

> Sucederá si busca a un hombre que crea que la hará sentir más plena.
> Sucederá si persigue una oportunidad que crea que la hará más plena.
> Sucederá si va en busca de posesiones que crea que la harán más plena.
> Sucederá si, al igual que yo, buscamos un orden perfecto en un mundo imperfecto, creyendo que la hará sentir más plena.

Pero llegará el momento cuando cada una de estas cosas revelará su absoluta incapacidad de saciarnos. Y entonces, porque negamos la guía del poder de Dios, nos olvidamos de que su poder puede sostenernos. En un esfuerzo por evitar una caída libre, buscamos algo o a alguien más para aliviar nuestro vacío.

David toma una actitud diferente. Se recuerda a sí mismo al final de este salmo de la confianza y la plenitud:

> La bondad y el amor me seguirán
> todos los días de mi vida;

y en la casa del Señor
habitaré para siempre.

—Salmo 23:6

Hay verdad en la declaración de David. No se basa en un sentimiento o en una circunstancia favorable; sino en la verdad inmutable que David conoce. No hay muchas cosas seguras en este mundo. Pero podemos confiar plenamente en que la bondad y el amor de Dios estarán con nosotras… nos *seguirán*.

El término *seguir* en el hebreo original es *radaph*, que significa "perseguir" o "ir en busca de". La bondad y el amor de Dios nos perseguirán todos los días de nuestras vidas. Qué terrible es que cuando vamos en busca de los placeres de este mundo, estamos de hecho alejándonos de la confianza estable y del firme amor que nuestras almas tanto anhelan. Nuestras almas fueron creadas para ser llenas y perseguidas por la bondad y el amor de Dios. Si vamos detrás de otras cosas, agotan y desgastan nuestra confianza.

En esa plataforma aquel día en el bosque, mi alma fue forzada a estar quieta. Y cuando me permanecí quieta, la búsqueda del Señor por mí se volvió cada vez más evidente.

Bob suspiró una última cosa: "Ya está hecho".

No sé exactamente qué quiso decir, pero sé lo que mi alma escuchó. Dios ya me había atrapado. Su bondad y su amor me han perseguido y alcanzado. Solo necesitaba saltar a la realidad. Y sin ningún otro pensamiento consciente, mi alma se activó, cuando mi mente no podía. Mis pies explosionaron de la plataforma en el aire.

Toqué la barra, pero no la atrapé.

No era necesario.

Porque la confianza me atrapó.

Una de las últimas cosas que hicimos antes de concluir ese fin de semana fue una ceremonia en donde Bob se sentó con cada uno individualmente. Cuando fue mi turno, Bob tomó un trozo de soga de barco y la colocó alrededor de mi muñeca.

Cuidadosamente quemó los extremos y los presionó entre sí. Se formó un lazo en más de una forma.

Es un brazalete. Un recordatorio. Es una conexión tangible con el día en que hallé la confianza en el aire.

Ore conmigo:

Señor, me estás enseñando tanto acerca de confiar en ti. Plenamente. Completamente. Sin sugerencias ni proyecciones. Elijo abrazar lo próximo que me muestres. Tomaré este primer paso. Y luego tomaré el siguiente.

Finalmente, comprendo que no tengo que lograr entender cada cosa que me suceda para confiar en ti. De hecho, no tengo que tratar de descubrir, ni controlar, ni siquiera estar de acuerdo. En medio de las incertidumbres, solo declararé: "Confío en ti, Señor".

Me visualizo tomando de mis manos incompetentes mi temor al rechazo y colocándolo en tu total capacidad. Y al hacerlo, menguo para que tú seas levantado.

Tú eres el complemento perfecto para cada una de mis necesidades.

Soy débil. Tú eres mi fuerza.

Soy incapaz. Tú eres mi capacidad.

Soy indecisa. Tú eres mi seguridad.

Estoy desesperada. Tú eres mi satisfacción.

Estoy confundida. Tú eres mi confianza.

Estoy cansada. Tú eres mi rejuvenecimiento.

Aunque el largo camino es incierto, tú eres tan fiel de alumbrarme lo suficiente para que pueda ver el próximo paso. Ahora entiendo que no tratabas de ser misterioso, sino que se trata de la gran demostración de tu misericordia.

Demasiada revelación y orgullosamente correría delante de ti. Muy poca, y quedaría paralizada con temor.

Así que, busco destellos de luz en tu verdad solo para hoy y lleno los espacios de mi incertidumbre con tu confianza.

Capítulo 6

Amistades rotas

¿Sabe lo que secretamente espero de mis amistades? Que mi "yo" se convierta en un "nosotras". Y que "nuestra" conexión tenga un destino final donde, desde hoy en adelante, firme cada día con un cariñoso "y siguen viviendo felices para siempre".

Quisiera que la ecuación sea: hago una amiga, mantengo una amiga. Vivir en un mundo feliz de conexiones divertidas. Tener el mismo parecer. Creer lo mejor. Llevarnos bien. Ser amables. Coleccionar bromas internas a lo largo del camino. Y luchar una por otra siempre.

Eso es lo que secretamente espero. Pero no es la realidad. A veces la ecuación resulta en hacer una amiga, dar lo mejor por esa amiga, y la relación se termina enfriando.

Allí es donde me encontraba cuando me senté en el borde de mi cama, mientras miraba la lista de contactos de mi teléfono. Hay un pequeño botón inquietante al final de las opciones de edición. Mientras que todas las otras opciones están escritas con letras azules y verdes, esta es roja. Sobresale como siempre lo hace el color rojo. Se encuentra al final de todo, después de pasar por todas las demás opciones y posibilidades.

Dos palabras en rojo. Las presioné con mi dedo índice. Y entonces, casi como si mi teléfono me estuviera recordando agotar primero todas las otras opciones, me hizo volver a confirmar que esta fuera verdaderamente mi intención.

Lo era.

Porque me dijo que ya no deseaba tener ninguna conexión conmigo y necesitaba respetar su voluntad, volví a presionar la solicitud en letras rojas.

Eliminar contacto.

Ambas lo habíamos intentado. Pero cada malentendido traía un acumulamiento de tensión. Casi como un arquero quien tira de un arco. Cuando más tira, más aumenta la tensión. En algún punto el arquero tendrá que soltar la tensión al librar la flecha. Deseaba tanto que la flecha diera en el blanco del perdón y la restauración. Pero no es allí hacia donde se dirigió. Se liberó la tensión. La flecha voló. Y penetró hiriéndonos profundamente a ambas.

Me gustaría pintar alguna versión de lo ocurrido en donde presento todo lo que hice para tratar de dar y perdonar. Creo que podría realmente impresionarla con una gran grama de pinceladas y de colores. Pero en definitiva, las opiniones unilaterales hacen que las obras de arte se vean chatas.

Ella tiene su propia versión, y negarlo me haría culpable de algo más que de perder una amistad. Además, complicaría las cosas con egoísmo.

Tengo que ponerme firme en esto. Negarme a mí misma el placer de reunir evidencias y presentar un caso no es algo fácil. De hecho, es bastante exasperante. Imagino que usted, al igual que yo, guarda algunas carpetas de pruebas contundentes que exponen argumentos sólidos los cuales demuestran que, en efecto, *¡tenemos razón! ¡Estamos en lo correcto! ¡Somos inocentes!*

Se golpea el martillo. Se me declara la parte ganadora. Bato mi puño. Me siento reivindicada. Me marcho victoriosa. Pero seamos honestas. Quedan dos almas heridas, una amistad que terminó y un contacto ahora eliminado. ¿Existe realmente una ganadora posible en un caso como este?

A la gente que le importa más tener razón que terminar bien solo demuestra lo equivocados que están desde el principio.

———————————

A la gente que le importa más tener razón que terminar bien solo demuestra lo equivocados que están desde el principio.

———————————

La naturaleza frágil de mi corazón necesita tiempo. Así que se lo di. Se dice que el tiempo cura todo —y creo que puede ser cierto— pero solo si ese es verdaderamente el objetivo: sanidad. El tiempo hace crecer las semillas que plantamos, regamos y fertilizamos. Plante belleza, crecerá belleza. Plante espinas, crecerán espinas. El tiempo permitirá cualquiera de las dos.

En este momento, tengo ganas de traspasar del otro lado de esta página, tomar su mano y decirle: "La amargura, el resentimiento y la ira no tienen lugar en un corazón tan hermoso como el suyo". Lo digo, porque también necesito escucharlo.

Así que le di tiempo a todo este asunto. Y a veces tuve que luchar con querer volver a luchar. Especialmente cuando no creo que Dios le esté hablando el mismo mensaje desafiante de "terminar bien, terminar feliz" que me está hablando a mí.

Es una distracción y una complicación y es sumamente difícil. Las raíces de esta amistad que una vez nutrieron las profundidades de mi ser ahora duelen con su sequía. Las conversaciones y conexiones fueron vaciadas y remplazadas con un latido punzante de un alma perforada. La flecha cavó profundo.

¿Cómo es posible vivir amada en este contexto? ¿Cómo es posible llevar la plenitud de Dios en una situación que parecería tan muerta? Pero entonces, cierto día esta terrible pero maravillosa idea surgió en mi cabeza: *lucha por ella.*

A mi carne le pareció fatal: *Discúlpame mientras me recuesto en el sofá y hablo con una persona que cobra mucho, que tiene un diploma en su pared y una libreta en su mano. Es hora*

La *amargura,*

el *resentimiento*

y la *ira* no tienen

lugar en un *corazón* tan

hermoso como el suyo.

de recurrir a un profesional. Claramente, no estoy bien de la cabeza.

Pero la idea de luchar por ella se sintió maravillosamente vivificante para mi alma. Le pregunté a la idea: "¿Eres Jesús? ¿Y realmente acabas de decir: 'lucha por ella'? Porque me he esforzado hasta la médula tratando de no luchar. Terminar bien. ¿Recuerdas?".

Lucha por ella.

Eso era todo. Era lo único que resonaba en mi corazón.

Rebobiné la cinta hasta donde me paraba con mi carpeta llena de evidencias, negándome el placer de presentar la causa a mi favor. No obstante, me di cuenta de que no me había permitido expresar mi causa; esta evidencia se había vuelto mi tesoro secreto. A veces la volvía a revisar discretamente para gozarla en privado. Pero al igual que con cualquier premio secreto, solo porque nadie la ve comer no significa que las calorías no le vayan a afectar. Tener razón sabe bien, pero no merece la pena la hinchazón que causa.

Lucha por ella.

No tenía ningún tipo de claridad en cuanto a por qué estaba teniendo esta idea ni tampoco cómo llevarla a cabo. Pero recordé Efesios 6:12, y parecía encajar: "Porque nuestra lucha no es contra seres humanos, sino contra poderes, contra autoridades, contra potestades que dominan este mundo de tinieblas, contra fuerzas espirituales malignas en las regiones celestiales".

Antes de continuar, permítame expresar claramente algunos de mis sentimientos:

Siento que mi lucha es contra ella.

Esta lucha me ha herido profundamente.

Es difícil ver que mi lucha no sea contra ella o causada por ella.

Esos son mis sentimientos.

Pero la verdad parece querer ayudarme a llegar a un lugar mejor. La verdad dice que tengo un enemigo, pero que en realidad no es ella. Puede de hecho ser la causa de alguna herida en mi vida, pero no es mi enemiga. Y también puedo ser la causa de alguna herida en su vida, pero no soy su enemiga.

Tenemos un enemigo, pero no entre nosotras.

Dirijo mi punto de mira hacia el enemigo verdadero y comienzo a bombardear declaraciones positivas sobre mi amiga. Enumero tres cosas acerca de ella que son absolutamente increíbles. Entonces recuerdo una cuarta y una quinta. Imagino cada una de estas declaraciones positivas herir al diablo mientras lo atacan directamente donde es más vulnerable. La verdad que se proclama y se vive es un arma extremadamente precisa contra el enemigo.

Nada de esto desenredó los asuntos en esta relación rota.

Así como tampoco la he vuelto a agregar a mi lista de contactos.

Pero sí me ayudó a restablecer el "nosotras". Tenemos un enemigo en común. Tengo la opción de querer verlo o no. De vivir en la verdad o no. De luchar por ella y en contra del verdadero enemigo o no. Así que enumeré la sexta y la séptima cosa positiva. Y tomé una decisión.

¿Será fácil? No, de ninguna manera. Todo lo contrario. Pero le hará bien a mi alma llegar a este lugar, en donde puedo reconocer a Dios como Dios. Es como decir: *Desconozco todos los detalles envueltos en este asunto. Pero tú lo sabes todo. Por lo tanto, tú, Dios, eres el único quien puede manejar cada situación. Mi carne es tentada a buscar muchas cosas —justicia, mi derecho a tener razón, pruebas de su mal comportamiento, hacer que vea las cosas desde mi perspectiva— pero en este momento, lo único saludable para mí es buscarte a ti. Solo a ti. Voy a obedecerte y permitirte que te encargues de todo lo demás.*

Así es como una se eleva por sobre las circunstancias y determina aferrarse al bien supremo en el gran orden de las cosas: honrar a Dios.

Y lo honramos al recordar que nuestro deber es ser obedientes a Dios. De todo lo demás se ocupa Él.

Debemos hablar con honra en medio de la deshonra.

Debemos hablar con paz en medio de las amenazas.

Debemos hablar cosas buenas en medio en una situación difícil.

Debemos ser obedientes, confiar, creer en Dios y permitirle que Él domine nuestros sentimientos.

¿Recuerda que hablamos sobre "vivir amadas" y "llevar la plenitud de Dios" a cada situación? Es esto. Y es la única manera de llegar a tener paz en una determinada situación que no tenga un final de cuento de hadas.

Así que lucho por ella.

No porque vamos a volver a ser amigas. No lo somos. Y quizás no lo seamos.

No porque tenga razón.

No porque tengo razón.

Lucho por ella simplemente porque quiero honrar a Dios.

Capítulo 7

Cuando nos arrebatan nuestra normalidad

Mi boca estaba seca. Mis manos un poco paralizadas. Había una opresión punzante en mi pecho. Mi mente se nubló cuando mis pensamientos se convirtieron en un caleidoscopio fragmentado en un millón de esperanzas imaginarias que creía que estaban a la vuelta de la esquina para mí. Para nosotros. Para ese nosotros que ahora volvía a ser solo yo.

Simplemente estábamos saliendo. Pero mi mente ya se había adelantado en el tiempo y construido una vida con este hombre. En el futuro teníamos picnics románticos por disfrutar, las luchas de bolas de nieve por reír, una boda que planear, una casa por edificar y niños que nombrar, quienes tenían su sonrisa y mis ojos.

No estoy segura de si estas cosas eran reales para él. Pero para mí, todo esto era algo tan real como el café frío como una piedra que tenía enfrente de mí. Ese que no dejaba de revolver para tener algo en qué enfocarme, pero que nunca tuve la intención de beber. Tomar café parecía una actividad demasiado normal en la que participar, cuando toda mi vida interior se acababa de declarar en estado de emergencia.

Porque de repente, el resto de mi vida perfectamente planeada estaba en llamas. Hoy no solo estaba perdiendo a un novio, sino además la conexión con todos esos sueños del mañana que ahora jamás se cumplirían.

Sus palabras se abrían paso desde mis oídos hasta mi corazón. Sentía el gran impacto de su duro aterrizaje. Mientras se deslizaban por los lugares más sensibles dentro de mi ser, su peso penetrante quemaba y cortaba y destrozaba aquello que creía que sería permanente. El rechazo siempre deja las marcas más profundas y oscuras.

Esto fue hace más de veinticinco años. Pero puedo recordarlo como si fuera ayer. Tengo que buscar un poco en mi pasado, pero allí está. La herida ya no late con dolor. Más bien es una cicatriz. Como una herida de guerra, ahora es solo una historia.

No obstante, al principio, ni siquiera en mi sueño podía escaparme de ella. Aun si tuviera la suerte de no soñar al respecto, me despertaba nuevamente devastada tan pronto como la realidad atravesaba los límites de mi sueño. Revivía esta historia una y otra vez hasta que los momentos punzantes se convirtieron en días y luego en semanas y luego en el tiempo suficiente para que lentamente pasara de la realidad a un recuerdo y luego a un lugar llamado mi pasado.

Hoy saqué mi diario y traté de capturar la cruda esencia de lo que hace al rechazo tan horrible. Pero al final, fui incapaz de capturar la profundidad del mismo con palabras elaboradas.

En lugar de sumergirme con mis pensamientos, los dejé salir en forma de frases simples y personales.

Me gusta la estabilidad.
No me gusta que se me tome por sorpresa.
Me gusta que me conozcan.
No me gusta sentirme desechada.
Me gusta que la gente crea lo mejor acerca de mí.
No me gusta que me malinterpreten.
Me gusta sentir que mi presencia atrae a la gente.

No me gusta sentir que me vieron, pero pretenden lo contrario.

Me gusta ser querida.

No me gusta que me excluyan o se alejen de mí.

Me gusta sentir que esta persona es mi persona.

No me gusta saber que esta persona era mi persona, pero ya no lo es.

Mientras continuaba elaborando esta lista, finalmente, surgió una frase que parecía resumir el rechazo mejor que las otras: *No quiero que mi normalidad sea arrebatada*. La vida se siente increíblemente arriesgada cuando recuerdo cómo las circunstancias impredecibles pueden destrozar y cambiar para siempre aquello que conozco y amo sobre mi vida. Y en la caída, algunas piezas nunca encuentran el modo de volver a encajar.

Es como tomar una fotografía en donde aparecen todas las personas que aprecia y de pronto algunas de esas personas a propósito se recortan de la foto. Y el agujero enorme que dejan es de alguna manera peor que la muerte. Si su ausencia fuera causada por la muerte, una lloraría su pérdida. Pero cuando la misma es causada por el rechazo, no solo usted llora su pérdida, sino que además tiene que luchar con el hecho de que ellos querían eso. Eligieron marcharse.

Aunque usted queda devastada, ellos posiblemente se alejen sintiéndose aliviados. O peor aún, podrían hasta incluso sentirse felices. Y allí está usted, mirando fijamente una fotografía estropeada que ningún pegamento en el mundo podrá arreglar. Le han arrebatado su normalidad. No por accidente; sino prácticamente a propósito por alguien que nunca creyó que pudiera ser un ladrón semejante.

A causa de que el *rechazo* es una palabra abstracta que no tiene una imagen asociada a la misma, no podía tener una visión al respecto hasta que presencié algo la Navidad pasada en una tienda. Cuando un ladrón arrebata la normalidad de en medio de lo que habría sido un día típico.

ᗦᘓ

El sonido del grito de una mujer llegó a mis oídos más rápido que la comprensión de lo que estaba ocurriendo. Un hombre salió corriendo por la puerta de salida justo a nuestro lado. Una mujer con botas de cuero recién salidas de la caja corrió tras él. Sus gritos de socorro impulsados por el pánico alarmaron a un vendedor de calzados quien entonces salió corriendo detrás de ella.

Una multitud se reunió en la puerta, murmurando y colectivamente uniendo información sobre lo que sucedía. Aparentemente, la mujer había estado probándose un par de botas en esta bonita tienda con asientos y espejos de cuerpo entero y vendedores amigables. La música navideña se oía en el ambiente. Los carteles de rebajas yacían en los estantes. Y la felicidad flotaba como la risa de los niños en el parque.

Mi hija y yo estábamos mirando un par de zapatos, pensando que podría ser un posible obsequio para una amiga de la familia. Y entonces fue cuando sucedió.

Como una púa que raya todo el disco, se señalaba el momento de permanecer quietos y de contener el aliento. Un hombre obviamente había estado observando, esperando, estudiando la escena. Y luego la mujer con las botas tomó dos pasos hacia el espejo, se dio vuelta, y así como así, un extraño se llevó su bolso. Ahora ella iba gritando por la acera, y todo su día se convertía en un caos inesperado.

Me acerqué hacia donde ella había estado sentada hacía un minuto y vi que había dejado su chaqueta y los zapatos con los que entró a la tienda. No conocía a esta mujer. No estoy segura de haberla notado siquiera parada cerca de nosotras. Solo era otro rostro en la multitud, una figura borrosa mientras seguía con mis planes. Sin embargo, ahora me siento raramente conectada con esta extraña mujer y determiné proteger sus pertenencias. Me quedé haciendo guardia en el lugar donde su normalidad le fue arrebatada.

Y de un modo extraño se sintió sagrado.

Porque me identifico tanto con una vida que se agrieta y que me arrebata la normalidad a expensas mías. Permanecí allí parada mirando con incredulidad a la mujer que ahora regresaba a la tienda, aún usando las botas de cuero recién salidas de su caja. A fin de cuentas, solo perdió su teléfono celular. El ladrón, sin pensar que una mujer a los gritos lo perseguiría, terminó lanzando su bolso y solo tomando el teléfono antes de escapar de toda la conmoción.

Me acerqué y le entregué la chaqueta y los zapatos con bastante uso que había dejado. Le deseé lo mejor. Y luego deseé también poder salir corriendo por la acera gritando la próxima vez que me arrebaten mi normalidad. Desearía que la vida cambiara de parecer, devolviéndome casi todo lo que perdí. Pero no es la forma en que todo siempre concluye.

A veces lo que se pierde nunca regresa.

Me han roto el corazón lo suficiente como para saber bien esto.

Como a muchas de ustedes.

Como le sucedió a mi amiga, cuyo marido decidió que se había cansado de ella, pero no tanto de otra mujer que cautivó su atención. Escuchó las palabras devastadoras que ninguna esposa quiere oír, y ahora miraba al servicio de mudanzas recoger la vida que una vez amó.

Al cabo de algunas horas del proceso de vaciar su casa, el transportista tomó su retrato de bodas y le preguntó: "¿Quiere que las fotografías de la escalera vayan con nosotros, o las lleva separadas en su vehículo?".

"Las voy a llevar separadas", dijo, sin dejar escapar la ironía. Separada. Así era cómo viviría su vida ahora. Separada del vecindario en donde sus hijos habían crecido. Separada de su esposo. Separada de la manera que creía que sería su vida.

Tomó el retrato de bodas del transportista cuando un sentimiento de confusión se apoderó de ella. Se sentó en los escalones de la entrada y me llamó. Entre lágrimas, me dijo: "No sé qué hacer con este retrato. ¿Qué harías tú con las cosas que ya no tienen lugar? Construimos una vida juntos, y ahora estamos separados. No hay lugar para eso en mi mente. ¿Qué voy a hacer?".

Su normalidad fue arrebatada. Y no era solo su retrato de bodas que parecía no tener lugar. Todo se sentía extraño y difícil y diferente e imposiblemente irreversible. Supongo que es la razón de por qué el rechazo hiere en oleadas una y otra vez. Existe una pérdida de lo que fue y lo que creíamos que sería. Arrebataron nuestra normalidad, y ningún esfuerzo por gritar y correr por la acera nos la devolverá.

Y lo que nos obsesiona no es solo de aquello que se nos quita. Es la realidad de que los seres humanos pueden ser despiadados, egoístas y crueles. Eso es lo que hace el rechazo. El rechazo roba la seguridad de todo lo que creíamos que era hermoso y estable y nos deja asustadas, frágiles y más vulnerables que nunca.

De pronto, lo que presencié en la tienda aquel día no se trata del bolso de una mujer extraña. Se trata del marido de mi amiga quien la rechazó. Se trata acerca de otra amiga a quien le confié una parte de mi corazón y dejó de llamarme. Y de mi padre, quien fue incapaz de quedarse. Y de esa maestra quien llevó a mi hija al corredor y le dijo que era una niña mala, mala, muy mala hasta que se hundió en un mar de lágrimas.

Cierro mi mano en un puño mientras que las palabras "¿cómo te atreves?", se forman en mi boca. La necesidad de justicia es dulce a mi lengua y agradable a mi paladar. Comienzo a desarrollar un deseo de maldad.

Pero Dios. Él está allí.

Aquel a quien proclamé bueno. Bueno conmigo. Bueno siendo Dios.

Aquel con quien vivo una historia de amor.

Y sé que no puedo seguir abrazando completamente a Dios mientras rechazo sus caminos.

No puedo seguir abrazando completamente
a Dios mientras rechazo sus caminos.

Dios pone una palabra en mi corazón. Como un trago de jugo de naranja justo después de cepillarme los dientes, me retraigo ante el sabor inesperado. Gracia.

¡Gracia!

¿Por qué gracia?

La gracia concedida cuando uno menos se la merece es el único antídoto para la amarga podredumbre.

Me imagino parada entre dos cajas. De una emana un hedor insoportable, que destila oscuras briznas de muerte. Y la otra caja está llena de lirios blancos. Sus flores angelicales están completamente abiertas y emiten su dulce y puro perfume.

Una caja de amargura. Otra caja de gracia.

Estas cajas me ayudan a darme cuenta de lo horroroso de la amargura y lo honorable de la gracia. Ver y oler la amargura no la vuelve ni siguiera apetecible. Tomo el jugo de naranja y bebo otro sorbo y descubro que esta vez me gusta más. Cuanto más tomo, más deseo su sabor.

La gracia de "ahora no" pronto se convierte en la gracia de "ahora mismo". Me doy cuenta de que si no coopero con la gracia en este momento, por ese ladrón, por esa amiga, por mi padre y por esa maestra...llevaré el hedor de la caja de amargura y se lo pegaré a todo aquel que se me acerque. Y esta comprensión me vuelve realmente molesta.

Yo soy quien fui herida, ¿y ahora tengo que ser la adulta? El ladrón, mi amiga, mi padre y la maestra deberían ser quienes tomen el ramo de lirios de la caja aromática, lo arreglen con helecho y pequeñas florecillas blancas, lo pongan en un florero de cristal y lo envíen a mi puerta. Junto con chocolates. Y profundos y sentidos sollozos de arrepentimiento. Mientras lucen el peor corte de cabello de sus vidas y las quince libras (siete kilos) de las cuales me encantaría deshacerme.

¡Sí!

Ahora las cosas están comenzando a sentirse un poco más justas.

Pero buscar lo que es justo nunca dará lugar a revelar la hermosa realidad de una mujer quien es amada por Jesús. Solo un corazón puro con espacio para la gracia puede revelarlo. De hecho, la gracia es una noción tan absurda para el corazón de quien ha sido rechazada. Pero si pasamos por encima de los sentimientos heridos y nos alejamos de la caja de la amarga podredumbre, seremos libres para tomar la caja de los lirios dulces y puros.

Podremos armar ramos para regalar.

Se nos podrá impregnar el aroma de alguien que pasa tiempo con sus dedos trabajando con la gracia.

Veremos un cambio en nuestra alma en medio de las cosas que nos fueron quitadas y que nunca regresarán. Descubrimos que no todos en este mundo son despiadados y egoístas y crueles. E incluso nos atrevemos a orar por aquel ladrón, amiga, padre y maestra. En algún momento de sus vidas, alguien también les quitó a ellos y los dejó gritando en la acera.

No hay nada que podamos hacer para eliminar el rechazo. Oh, cuánto deseo que lo hubiera. Con cada fibra de mi ser, desearía poder eliminarlo de mi mundo y del suyo. Pero no puedo. Lo único que he visto funcionar en mi vida a fin de proteger mi corazón de estas heridas profundas es la constante búsqueda de la dulce gracia.

Amar a Dios significa cooperar con su gracia. Y dado que soy consciente de mi propia necesidad por su gracia, debo estar dispuesta a darla libremente. Cada vacío que deja el rechazo debe convertirse en una oportunidad para crear más y más lugar para la gracia en mi corazón.

Amar a Dios significa cooperar con su gracia.

En 1 Samuel 25 hay una mujer llamada Abigail quien tuvo que decidir entre la gracia y la amargura. Abigail era una mujer bien familiarizada con las adversidades, las personas negativas, el rechazo y con situaciones que no resultaron seguramente como hubiese deseado.

Sin embargo, de algún modo permaneció firme. Y su estabilidad demostró tener un impacto profundo sobre la vida de David. El mismo David quien derrotó a Goliat, quien se convirtió en el rey de Israel, quien, aunque cayó y flaqueó muchas veces, Dios dijo que era un hombre conforme a su corazón. Este David es aquel de cuyo linaje vendría el Rey Jesús.

Hoy no se habla ni se proclama mucho sobre la vida de Abigail. No estoy segura del porqué. Cuando todas las demás lleguen al cielo y reclamen tomar café con los santos de la antigüedad, ella será quien encabece mi lista. Estoy bastante segura de que fuimos destinadas a ser mejores amigas. Por supuesto, ella no lo sabe, así que si llega allí primero, no se lo cuente y hágale creer que pertenezco también a la categoría de las acosadoras.

Pero hablando en serio. Adoro a esta mujer.

Estuvo casada con un tonto llamado Nabal —su nombre literalmente significa "necio" en hebreo— quien había ofendido profundamente a David.

David y sus hombres habían servido a Nabal al proteger su ganado, y dado que era un día festivo, le envió a Nabal un mensaje pidiéndole su "favor", y alimentos festivos especiales. La raíz de la palabra hebrea para *favor* en este caso es *chen*, la cual también significa "gracia".

Pero Nabal rechazó a David. Se negó a proveerle alimentos. Y ciertamente no le concedió su favor ni su gracia. En cambio, respondió con un rechazo exasperante contra David y sus hombres. David, por su parte, juró matar a Nabal y a todos sus varones.

Desde luego, esta situación horrible causada por las palabras insensatas de su esposo afectó en gran manera a Abigail. Estoy segura de que la crueldad y la necedad de Nabal la perjudicaron con más frecuencia que ninguna otra persona. Probablemente se haya sentido rechazada una y otra vez en su matrimonio. Y también repetidas veces por las personas que no querrían tener nada que ver con la esposa de un hombre tan necio.

Pero en lugar de llenar con inseguridad ese vacío causado por el rechazo, halló estabilidad al llenarlo con gracia. Cuanto más la herían, más aprendía a ayudar a aquellos que fueron heridos.

En esta situación, buscó la manera de darle a David no solamente alimentos festivos, sino además la amabilidad que Nabal le había negado. Le dio desde su propia carencia, desde los lugares vacíos en su corazón que Dios tan generosamente había llenado. Con un espacio enorme para la gracia, se aproximó a David, el hombre quien estaba por matar a su familia y a sus sirvientes, y rápidamente se postró ante él.

Yo quiero esto. Pero vaya que es difícil actuar así en los momentos de dolor. Me sorprende cuán bien lo vivía Abigail. Me encuentro a mí misma tratando de resistir la gracia en su historia. Después de todo lo ocurrido, sus primeras palabras dirigidas a David van más allá de lo que mis propios sentimientos habrían permitido en esta situación: "Señor mío, sobre mí sea el pecado" (1 Samuel 25:24, rvr1960).

Leo esto y aprieto mis dientes. Me he encariñado tanto con ella que rotundamente me rehúso a estar de acuerdo con que asuma ninguna responsabilidad sobre esto.

Échele la culpa sobre Nabal. Él es el cretino en esta historia.

O échele la culpa a David. Él es el impulsivo aquí.

Pero no a Abigail.

Ella ya tiene que cargar con el peso de una vida injusta. ¿Y ahora tiene que intervenir entre su ridículo esposo y un David hambriento y loco para asumir la culpa que claramente no le correspondía llevar?

Ella es la víctima. A ella es a quien, mientras se preparaba para el festival, le arrancan su normalidad. En un momento, estaba haciendo su lista de compras en Target y Hobby Lobby, y de repente llega un sirviente y le anuncia que el desastre se avecina a su casa. Pero en lugar de ceder ante la ira, el cinismo y la culpa —por lo general los frutos de vivir rechazada— escoge la gracia.

¿Cómo pudo procesar esto de una manera tan saludable? ¿Tuvo algún cambio en su alma? ¿Alguna visión de la caja amarga con hedor a podredumbre que la disuadió de ir tras ella? Desconozco estos detalles. Pero sí veo una cooperación inmediata con la gracia.

Su gracia no justifica a su marido ni lo valida a David.

La salva.

Detiene a David de hacer justicia propia.

Hace que los hombres, con espadas en sus manos y la muerte en sus mentes, no sigan adelante. Casi puedo ver temblar sus brazos llenos de armas y sus cuerpos llenos de testosterona. Qué gran escena. Si bien Abigail se humilló, la gracia le dio la delantera. Se rehusó a ser una víctima de una circunstancia que no podía cambiar del todo. Entonces decide cambiar lo que sí puede.

Es imposible levantar los estandartes de víctima y de victoria al mismo tiempo. Con la victoria en mente, se postra ante David, con gran valentía, deja que el manto de la culpa caiga sobre sus hombros. Después de todo, es la única lo suficientemente fuerte para soportarlo.

La humillación de estar casada con un hombre llamado Necio había producido secretamente algo bueno en lo profundo del alma de Abigail. Cuando más cooperaba con la gracia, su humillación se transformaba cada vez más en humildad. La humildad no se puede comprar a un precio barato. Es la extensa obra de gracia sobre gracia dentro de las heridas de nuestros corazones.

La humildad le concedió a Abigail la mayor ventaja en esta conversación de vida o muerte con David. La humildad abre los oídos de la oportunidad.

En el capítulo siguiente, analizaremos su conversación asombrosa con David. Las palabras llenas de gracia de Abigail son, en mi opinión, uno de los más grandes discursos de la Biblia. En definitiva, aquí nos encontramos hoy hablando sobre el mismo después de miles de años. Y en lugar de los gritos en la acera, son sus palabras las que resuenan en los lugares más profundos de nuestros corazones.

Es *imposible*

levantar los estandartes

de *víctima*

y de *victoria* al

mismo tiempo.

Capítulo 8

La experiencia correctiva

E sta mañana recibí un correo electrónico que hizo que mi corazón se encogiera. "Entrego mi renuncia, porque estoy en desacuerdo con la nueva dirección que está tomando nuestro comité. Expuse mis pensamientos en la última reunión, pero es obvio que usted y yo vemos las cosas de manera diferente".

¡Auch!

Qué gran fastidio levantarse con esta noticia. En especial porque cuando hablé con este miembro de la comisión la semana pasada, creí que realmente nos estábamos empezando a poner de acuerdo.

Debido a recortes presupuestarios, necesitábamos modificar algunos de nuestros planes originales para el evento escolar que estábamos organizando. Pero a esta persona no le sentó bien. Quería cobrar más caro por las entradas a fin de cubrir los costos extras. Comprendía totalmente su punto. Habíamos trabajado muy duro en nuestro plan original, y este cambio nos regresaría al principio, agregando una carga extra de trabajo sobre nosotras.

Así que en verdad entendía su frustración. Pero cuando procesé el hecho de tener que solicitarles a las personas que paguen más, me di cuenta de que algunos padres no podrían afrontar este cambio. Y no quería que nadie tenga que decirles a sus hijos que no podrían participar a causa del costo. Recomendé recortar nuestros planes en lugar de que algunos niños no pudieran asistir.

Creí que ella había estado de acuerdo. Pero, aparentemente, por su reciente correo electrónico, no lo estaba. Y además de eso, tuve la clara impresión de que estaba bastante enojada y frustrada conmigo.

Agaché mi cabeza sobre la mesa de la cocina y suspiré.

Me había levantado feliz y lista para reunirme con mi comité para sacar el mejor provecho de una situación presupuestaria complicada. Ya iba a ser un desafío hacer lo que había que hacer, pero reconforté mi corazón y creía que podíamos ser creativas y que todo resultaría bien. Ahora, solo me sentía derrotada.

Cada partícula de mi energía creativa comenzó a drenarse por lo que parecían unos agujeros en mi corazón. Estaba tratando de hacer una obra de bien al ofrecerme como voluntaria para liderar este comité, pero ahora sentía que lo único que había hecho era agregar drama a mi vida. Comencé a preguntarme: *¿Soy una mala líder? ¿Quieren los otros miembros renunciar también? ¿Qué pasará si todos renuncian y quedo haciendo todo sola? ¡No puedo hacerlo sola!*

Aquel día que comenzó tan lleno de potencial resultó hacerme sentir como un total fracaso. Todo por un correo electrónico. Santo cielo.

Presioné ambos lados de mi cabeza y deseé que mis ojos retuvieran las lágrimas. Me sentía terrible. Y luego enojada. Y luego acorralada por las circunstancias fuera de mi control. Pero por sobre todo, me sentía increíblemente incomprendida. *¿Debería comunicarme con la escritora del correo electrónico y tratar de que hablemos al respecto? O simplemente olvidarlo. Uf, ¿por qué me preocupo tanto? ¡Por supuesto que debería preocuparme!* Todo parecía un embrollo.

Desearía poder decirle que esta fue una situación aislada. Pero estas clases de enredos van de la mano de tratar de juntar a personas diferentes en la misma página. Personas diferentes con perspectivas diferentes van a encontrarse en situaciones difíciles a menos que determinen hablar en buenos términos. Las relaciones no vienen envueltas en perfección; las relaciones vienen envueltas en potencial. Tienen el potencial de ser grandiosas. Pero también tienen el potencial de en ocasiones ser difíciles. De cualquier manera, requiere trabajo hacerlas funcionar. Y entre lo maravilloso y el esfuerzo hay momentos inevitables de imperfección y posibles rechazos.

Eso es solo una parte. Pero estoy determinada a examinar cómo puedo tener mejores conversaciones en el futuro cuando tengan lugar opiniones diferentes. Lo primero que me di cuenta de que podría haber hecho mejor en esta situación era comenzar desde un lugar de "yo también" en vez de un lugar de "tú deberías" o "tú podrías".

Este "yo también" le dice a la otra persona: "Te escucho y veo la validez de tus sentimientos, porque también he tenido esos sentimientos antes".

Hace algunos años, ayudaba a un amigo con algunos consejos sobre escribir un libro. Cuando leí el primer capítulo, me di cuenta de que estaba escribiendo de un modo que no atraería al lector, porque saltaba directamente a predicar y enseñar. Como lectora, no necesitaba eso. Necesitaba a un amigo quien entendiera las luchas que se abordaban en el libro.

Si los escritores no me muestran sus luchas, no puedo confiar en sus consejos. No quiero teorías que huelan a biblioteca; quiero que los consejos estén impregnados con la vida real. Quiero saber que aquello sobre lo que escribieron haya funcionado con sus propios asuntos, a fin de creer que podría funcionar con los míos.

Gane las luchas, y ganará mi confianza. Le aconsejé a mi amigo escritor a cambiar su enfoque de "tú deberías" o "tú podrías" a "yo también". Y marcó toda la diferencia en su libro, haciéndolo más accesible y amigable. Quizá ocurra lo mismo cuando se desarrolla una conversación difícil con alguien que sostiene una opinión diferente. Si primero abordo a esa

Las *relaciones*

no vienen

envueltas

en *perfección*;

las relaciones vienen

envueltas en *potencial*.

persona con una actitud de "tú deberías", sentirá como si la estuviera criticando y dándole un sermón.

"Tú deberías considerar...".

"Tú deberías pensar en...".

"Tú deberías tener más compasión por...".

"Tú deberías haberme dicho...".

"Tú nunca deberías...".

Esta actitud inmediatamente la pondrá a la defensiva y la provocará a exponer sus argumentos en mi contra. Esto sucede cuando estoy más interesada en tener razón que en progresar. Y, peor aún, si la abordo con una actitud de "tú podrías", se sentirá como que estoy tratando de enseñarle una lección que no estoy dispuesta a aplicarla en lo personal.

"Tú podrías estar más dispuesta a...".

"Tú podrías pensar diferente al...".

"Tú podrías ser más sensible a...".

"Tú podrías detener este...".

"Tú podrías comenzar ese...".

Esta actitud me posicionará de manera instantánea como la experta y a ella como la estudiante menos experimentada. Cuando tomamos esta posición desagradable, la gente por lo general se retrae, se cierra y, en el caso de mi amiga del comité, renuncia.

Uf. No fue mi intención asumir que ella necesitaba que le enseñe una lección sobre ser sensible a las finanzas de los padres. Solo estaba apasionada por ayudarla a pensar en esta situación desde todos los ángulos. Pero, obviamente, el enfoque de "tú deberías" o "tú podrías" no estaba funcionando.

El "yo también" nos pone en el mismo equipo. Significa: "Estamos en esto juntas, así que ataquemos el problema, no entre nosotras". Ahora, solo a modo de aclaración, decir "yo también" debe ir acompañado de tres lineamientos sobre lo que *no* debe implicar:

- No constituye una táctica que debemos emplear para robar el centro de atención. No es decir: "Oh, yo también. Ahora procesemos todas mis heridas".

- No es una actitud que debemos usar para superar sus heridas. No quiere decir: "Yo también, excepto que si crees que por lo que estás atravesando es difícil, déjame mostrarte lo que realmente son las dificultades".
- Y por último, no es una confirmación de las acciones que surgen de sus sentimientos. Simplemente se trata de reconocer sus sentimientos e identificarse con los mismos si de manera auténtica puede hacerlo.

Abigail también es un gran ejemplo de utilizar el "yo también" de modo correcto. En 1 Samuel 25, estuvo brillante en su acercamiento a David. Reconoció de inmediato que su esposo había actuado neciamente hacia él. Pero la manera en que lo dijo, hizo que David supiera que Abigail era también una víctima de la necedad de Nabal. "Su nombre significa necio y la estupidez lo acompaña por todas partes" (1 Samuel 25:25, parafraseado).

Esta fue la declaración de "yo también" de Abigail. Si bien no utilizó las palabras *yo también*, ciertamente empleó el sentimiento detrás de esta declaración poderosa de dos palabras. Al afirmar que la estupidez acompaña a Nabal por todas partes, dejó en claro que la necedad de Nabal no estaba dirigida solo a David. Fluía en cada dirección de su vida e impactaba a todo aquel con quien interactuara. Y por "todas partes" claramente quiso decir en su hogar y con ella misma.

Por lo general, las mujeres expresan las conversaciones con su mirada. Y me imagino la dulce mirada de Abigail comunicando algunas versiones de estas afirmaciones:

Lo ha tratado mal, David.
A mí también. Lo comprendo.
Sintió que no se interesó por usted, David.
Yo también. Lo comprendo.
Sintió que no apreció todo lo que ha hecho por él, David.
Yo también. Lo comprendo.

Y de manera brillante también supo algo más. Entendió que David no buscaba que se le dé una lección. Buscaba comida y respeto. Antes de abordar su problema, ella fue preparada para reconocer su necesidad. Incluso esto fue una actitud de "yo también".

¿Siente que usted y sus hombres merecen comida festiva a cambio de su amabilidad por cuidar del rebaño de Nabal?

Yo también. Estoy de acuerdo con que usted y sus hombres merecen comida.

La segunda actitud que estoy comenzando a darme cuenta al procesar una mejor forma de comunicación es afirmar claramente "tú perteneces".

"Yo también" le comunica a la otra persona que es comprendida.

"Tú perteneces" le comunica que es aceptada.

La aceptación es como un antibiótico que previene que los rechazos del pasado se conviertan en infecciones presentes. La necesidad de pertenecer es muy profunda.

Esta necesidad de pertenencia va más allá de la necesidad de los lazos sociales superficiales... es una necesidad de vinculación afectiva significativa y profunda.

La aceptación es como un antibiótico que previene que los rechazos del pasado se conviertan en infecciones presentes.

Un sentido de pertenencia es fundamental para nuestro bienestar... La falta del mismo causa varios efectos no deseados, entre ellos una disminución en los niveles de la salud, felicidad y adaptación.[1]

Creo que lo que impulsó al miembro del comité a responder con su inmediata renuncia fue el sentimiento repentino de que ya no escuchaban sus ideas y, por lo tanto, ya no tenía un lugar en nuestro equipo. Ya no más sentimientos de contribución, no más sentimientos de pertenencia. Y quizá esta no era la primera vez que se sentía de ese modo.

A la mayoría de nosotras nos han hecho sentir que no pertenecemos en algún punto de nuestras vidas. Es un fastidio sentirse excluida, no elegida e ignorada. Pero cuando alguien de gran importancia en nuestras vidas nos hace sentir que nuestra pertenencia es más un signo de interrogación que una manta de seguridad, nos volvemos muy sensibles incluso con el más mínimo indicio de rechazo. Se reabre la herida, y se produce la infección del rechazo.

Para David, no se trataba solamente de que Nabal rechazara su pedido de alimentos. Nabal lo rechazó como persona y como líder.

¿Y quién es ese tal David? ¿Quién es el hijo de Isaí? Hoy día son muchos los esclavos que se escapan de sus amos. ¿Por qué he de compartir mi pan y mi agua, y la carne que he reservado para mis esquiladores, con gente que ni siquiera sé de dónde viene?

Los hombres de David se dieron la vuelta y se pusieron en camino. Cuando llegaron ante él, le comunicaron todo lo que Nabal había dicho (1 Samuel 25:10–12).

El rechazo de Nabal hacia David transmitía lo siguiente:

No te conozco.
No perteneces.
No eres importante.
No eres valioso.
No eres seguro.

Tan pronto como los hombres de David le contaron las palabras discordantes de Nabal, David pasó de ser un hombre hambriento de comida y de reconocimiento a ser un hombre hambriento de venganza. Su reacción fue impulsiva, agresiva y extrema. Demasiado extrema, ¿no cree?

Es decir, después de todo, a David le negaron el equivalente a una hamburguesa y algo de agua. ¿Y está preparado para salir a matar por eso? Pero en realidad esto no tenía nada que ver con la comida. Los reactores extremos por lo general lidian con factores agravantes. Las palabras de Nabal golpearon una herida existente. Nabal no había provocado la herida de David, pero sin lugar a dudas le dio en el blanco cuando rechazó la solicitud de David.

Creo que la herida profunda fue causada años atrás por el padre de David, Isaí. En 1 Samuel 16, cuando el profeta Samuel fue a Isaí pidiéndole que trajera a todos sus hijos, él hizo justamente eso, con una excepción. Dejó a David en el campo. O se había olvidado completamente de David o le era tan indiferente que nunca creyó que David tuviera una oportunidad para ser el elegido. ¿Por qué mandarlo a llamar?

De cualquier manera, es doloroso.

Isaí hizo pasar siete de sus hijos delante de Samuel, pero Samuel le decía: "El SEÑOR no ha escogido a ninguno de ellos". Le preguntó a Isaí: "¿Son estos todos tus hijos?".

"Queda el más pequeño —respondió Isaí—, pero está...". No pondré suposiciones en las palabras de Isaí. Sé lo que continuó diciendo: "Está cuidando el rebaño". [2]

No obstante, creo que es una de las excusas más lamentables que pudo dar al no incluir a David en lo que sin duda fue el evento más importante en el que participó esta familia. Si el padre de David hubiera tenido alguna consideración por su hijo menor, podría haber encontrado a alguien para que temporalmente pastoree las ovejas.

Sospecho que detrás de esa afirmación había algunos pensamientos como: *Bueno, sí, tengo otro hijo, el menor, David. Pero él... no luce como un rey, no actúa como un rey, no huele como un rey. Así que, no lo invité.*

Sin invitación por su propio padre.

¿Puede imaginarse cómo se habrá sentido David cuando finalmente fueron a buscarlo y se encuentra con todo este evento recién llegado del campo? *Papá trajo a todos los demás excepto a mí.* Y con una daga emocional humeante con rechazo al rojo vivo, el padre de David le produjo una marca en su corazón que dice: "Tú no perteneces".

No importas tanto como tus hermanos.
No eres lo suficientemente importante para que te recuerden.
No eres lo suficientemente valioso para que te consideren.
No estás seguro con esta familia que te ignora.

Aunque Samuel continuó y ungió a David como el futuro rey, no puedo encontrar si Isaí alguna vez se ocupó del corazón de su hijo. ¿No es absurdo que en el mismo día en que David alcanzó el logro supremo de ser nombrado el futuro rey, haya sido ignorado por su padre? Ningún logro externo curará las heridas internas. Dichas heridas solo se aliviarán al remplazar las mentiras por la verdad.

---

*Ningún logro externo curará
las heridas internas.*

¿Acaso no puede oír a Satanás riéndose a carcajadas cuando Nabal tocó esa misma herida que todavía latía con dolor desde el rechazo del padre de David? Pero entonces, los siniestros gritos de maldad dieron paso a la dulce armonía de sanidad a través de Abigail.

Cuando Abigail habló con David, hizo exactamente lo contrario a lo que había hecho Nabal. Y también lo opuesto a lo que hizo Isaí. Restableció el sentido de pertenencia en David. Sus palabras fueron gentiles, de honor y vivificadoras. Y por sobre todo, estaban llenas de la verdad de Dios.

Yo le ruego que perdone el atrevimiento de esta servidora suya. Ciertamente, el SEÑOR le dará a usted una dinastía que se mantendrá firme, y nunca nadie podrá hacerle a usted ningún daño, pues usted pelea las batallas del SEÑOR. Aun si alguien lo persigue con la intención de matarlo, su vida estará protegida por el SEÑOR su Dios, mientras que sus enemigos serán lanzados a la destrucción.

—1 SAMUEL 25:28–29

Abigail habló palabras de verdad en el tono de la gracia. Después de todo, recuerde que David estaba guiando a cuatrocientos hombres con sus espadas desenvainadas para matar a Nabal y a todos los hombres que le pertenecían. Y había otros doscientos hombres quienes se habían quedado a cuidar sus provisiones, pero que estaban igual de sedientos de una venganza sangrienta. Pero no es quién David era en su esencia. David era un hombre quien pertenecía a Dios. Abigail le habló a su ser, no a cómo se estaba comportando en ese momento:

- Usted pelea las batallas del Señor. *(Usted es conocido. Le importa al Señor).*
- El Señor tiene un plan para que su dinastía permanezca. *(Usted es importante).*
- Alguien lo persigue para tomar su vida, pero Dios tiene un plan para mantenerlo a salvo. *(Usted es valioso).*
- Recuerde lo que Dios hizo cuando lanzó esa roca con su onda hacia Goliat. ¡Dios fue fiel aquel día y es fiel este día también! *(Usted está seguro).*

Abigail alivió la profunda herida que Nabal había reabierto.

En términos terapéuticos esto se denomina "la experiencia correctiva". Ella volvió al lugar herido en el corazón de David con palabras sanadoras que corrigieron o rescribieron las mentiras que lo habían herido tan profundamente. (Asegúrese de echarle un vistazo a la Tabla de la experiencia correctiva de las páginas 242–243 para aplicarlo a su vida).

¿Sabía Abigail sobre la herida de David? Hay una posibilidad de que haya oído acerca de las acciones de Isaí hacia David en el día de su ungimiento. No era un personaje anónimo; sino el futuro rey. Y ella deja en claro durante su discurso que conocía su destino real. Pero lo que ella vio era que la reacción de David de seguro había sido provocada por otras heridas del pasado que simplemente aquello que Nabal le había causado.

¿Acaso no sucede lo mismo con la mayoría de nosotras? Si reaccionamos con más emociones de las apropiadas por un incidente aislado, probablemente este no sea tan aislado. La emoción intensificada para esta situación es probablemente un indicador de ataduras dolorosas con el pasado. Creo que esto era cierto en el caso de David.

En donde el padre de David y Nabal habían hablado muerte, con palabras divinamente inspiradas, Abigail proclamó palabras de vida. Cada una de sus afirmaciones evocó la verdad de su identidad y aquietaron las mentiras del enemigo. Y, como resultado, se produjo un cambio.

Se sintió lo suficientemente a salvo como para escucharla. Se sintió lo suficientemente a salvo como para tomar los alimentos que le había llevado. Se sintió lo suficientemente a salvo como para volverse a sus hombres y abortar el plan que de manera tan osada había declarado para matar a Nabal. Y por sobre todo, se sintió a salvo para creer y recibir el mensaje de Dios por medio de Abigail.

"Yo también" y "tú perteneces" constituyen palabras poderosas. No solo para Abigail y David, sino para todas nosotras. Estas son declaraciones reconfortantes que calman y sanan, realidades hermosas para recibir de parte de Dios y creerlas. Y también son verdades increíbles para llevarlas en nuestros bolsillos traseros como obsequios para darles a otros en nuestras conversaciones.

Deje que sus experiencias de rechazos pasados obren a su *favor* y no en su *contra* al permitirles que la ayuden a percibir el posible dolor detrás de las reacciones de los demás. Trate de ver las cosas desde su perspectiva y de pensar en cómo pudieron salir heridos de esta situación. Incluso si no está de acuerdo con sus posturas o sus reacciones, encuentre una manera para identificarse con sus heridas. La mayoría de las personas van por la vida con muchas más heridas de su pasado de lo que podemos llegar a imaginar. Casi todos, en algún momento, han sido profundamente heridos. Ese es su "yo también".

Después elabore una lista de las cosas buenas sobre aquella persona, como hice en el capítulo 6. Esto no valida sus acciones en el momento, pero validará su valor como persona. Incluso si no tiene idea sobre las heridas del pasado que podrían estar alimentando su reacción, aún puede ser sensible a su dolor evidente. Será como un agente de la gracia en su vida cuando le susurre, "tú perteneces".

Y esto ayudará a detener el ciclo de rechazo y heridas.

En la vida de la otra persona.

Y en su propia vida.

Con respecto a esto último, supongo que ahora responderé ese correo electrónico de renuncia. No sé todo lo que voy a decir, pero apueste que "yo también" y "tú perteneces" estarán incluidos.

Capítulo 9

¿Por qué duele tanto el rechazo?

"**L**ysa, tenemos que tomar una dirección diferente de la que originalmente creíamos. Vimos tu gran potencial, pero había otra candidata mejor calificada para esta oportunidad".

Silencio.

Un silencio total y absoluto flotaba en el aire, mientras que mi cerebro se rehusaba a elaborar algo apropiado para decir. Tenía que ser profesional. No quería confirmar sus dudas obvias sobre mi perfil. Y sabía que me arrepentiría de hacer algo que traicionara mi relación con Jesús.

Sin embargo, no me sentía muy motivada espiritualmente en este momento de gran conmoción.

Ya se habían comprometido conmigo.

Le había contado a la gente. Lo había publicado en las redes sociales. Estaba tan emocionada.

Y ahora, en una llamada inesperada, esta oportunidad por la que estaba tal feliz se había cerrado. Con un total despliegue de brillantez e inteligencia, pronuncié: "Está bien, eh...seguro, bien. Adiós".

Hubo un intercambio incómodo de cumplidos y algo con respecto al clima y una promesa falsa de volver a contactarme sobre futuros proyectos. Y eso fue todo.

Mis manos y labios se sentían completamente entumecidos. Recogí las migas de la mesa. Me jalé un padrastro hasta que sangró, tratando de sentir algo distinto de la sensación punzante en mi pecho.

Tenía ganas de llorar. Pero no quería llorar. Tenía ganas de gritar. Solo que definitivamente no quería gritar. Tenía ganas de volverlos a llamar y rogarles su reconsideración. No obstante, ¡de ninguna manera los iba a llamar ni rogarles por nada!

Me pregunté si podría estar al borde de un ataque de pánico. ¿Debería conseguir una bolsa de papel marrón y respirar con algún tipo de ritmo calmado? Tendría que fijarme en YouTube los detalles. Claramente, estaba manejando esta situación como una campeona. Y parecía que mi reacción solo volvía a confirmar por qué me habían rechazado, lo cual solo me hacía sentir peor.

Desearía poder decir que me levanté y salí a correr. O leí mi Biblia. O fui a quitar la maleza. Algo productivo con lo que más tarde podría animarme y decir: "Bien por mí. Mira cuán bien manejaste la situación".

Pero no.

En cambio, corrí a la internet para ver si podía averiguar a quién habían escogido en mi lugar. Mi mente me decía que ¡*me detuviera ahora mismo*! Pero mi curiosidad y mis dedos no colaboraban. Y no me llevó mucho tiempo ver en detalles fragmentados su sonrisa perfecta, su actitud segura y una impresionante lista de logros. Y, si bien la contrataron por sus conocimientos bíblicos y probablemente no hayan notado siquiera sus piernas delgadas, yo sí las noté.

Por supuesto que tenía piernas delgadas. ¡Sal en mi peor herida!

Sus *jeans* no parecían rogar por misericordia como hacen los míos a diario. Y con certeza los suyos no tenían desgastada la zona de la entrepierna, porque tenía —respire profundo— un ligero espacio entre sus muslos.

El espacio entre los muslos me mató.

Totalmente.

No me juzgue. No me considero en absoluto una defensora del espacio entre muslos. Por cierto, estoy en contra de ellos.

Completamente. Es bastante obvio...Señor, ten misericordia de todo este zangoloteo sobre mí. Y de mi alma. Y de mi mente delirante.

Momento de dar paso a la racionalidad.

Me paré enfrente de mi espejo de cuerpo entero y traté de manipular un espacio entre mis muslos. Si retraigo los dedos y empujo un poco para afuera mi parte trasera y le suplico a mis caderas que pretendan ajustarse en un ángulo poco realista y fuerzo mis rodillas a inclinarse, entonces *¡voilà!* Durante un breve milisegundo apareció un haz de luz. Pero las partes internas de mis muslos tienen una especie de atracción magnética resuelta a volverlos a juntar. Como aves del mismo plumaje. Más bien un plumaje bien mullido.

Soy una persona completamente cuerda, pero tengo mis excepciones.

Esta situación me afectó por días.

Me sentía completamente desconcertada en mi corazón y más vulnerable que nunca en torno a mis muslos. Aunque, para serle honesta, esto no tenía nada que ver con mis piernas o las de ella. Solo me hacía sentir mejor atribuirle a algo trivial el no haber sido invitada, porque entonces simplemente pongo mis ojos en blanco ante la superficialidad de todo esto. Pero la razón por la que no fui invitada no era trivial. Fue debido a que el comité determinó que ella era más adecuada para sus eventos.

¿Y sabe qué realmente se sintió como una completa traición? Sabía que Dios tenía el poder para arreglarlo, y no lo hizo.

El rechazo es increíblemente doloroso.

El rechazo lleva a cuestas los circuitos del dolor físico al cerebro. El estudio de resonancia magnética demuestra que son las mismas áreas cerebrales las que se activan cuando nos sentimos rechazados y cuando experimentamos el dolor físico. Por eso el rechazo duele tanto (neurológicamente hablando). De hecho, nuestro cerebro responde de modo similar al desprecio y al dolor físico que Tylenol reduce el dolor emocional que el rechazo provoca. Para probar la hipótesis de que la sensación de rechazo imita al dolor físico, se ha probado dar a algunos participantes paracetamol (Tylenol) antes de pedirles que recuerden una experiencia de rechazo que les haya marcado. Los participantes que habían recibido la dosis de Tylenol reportaron un menor dolor emocional que aquellos que habían ingerido un placebo.[1]

Hechos extraños como este me fascinan. Pero no me consolaban. Estaba bastante segura de que ningún Tylenol ayudaría. Esto fue más allá del rechazo del hombre. Es difícil. Pero lo que es realmente terrible es cuando Dios pareciera solo quedarse en silencio, reteniendo respuestas y soluciones por las cuales ha clamado. Esa profunda herida puede hacerla cuestionar su bondad.

Esta situación era irrelevante en comparación con otros rechazos que he enfrentado. Pero accedió a un lugar emocional en carne viva de otras heridas sin resolver, un pozo profundo que contenía lágrimas de otras muchas ocasiones cuando alguien me había dicho: "No eres lo suficientemente buena".

El rechazo no solamente constituye un sentimiento emocional. Es un mensaje que altera aquello que cree sobre sí misma. Y desde el instante en que siente que eso sucede es cuando debe detener los pensamientos desenfrenados con la verdad.

Necesitaba cambiar mi manera de pensar, no solo a fin de procesar mejor el éxito de la mujer con piernas delgadas, sino además para asegurarme de que no haya interiorizado una mentira sobre mi identidad y luego perderme de lo que Dios *estaba* haciendo, a pesar de su supuesto silencio.

Dios siempre está haciendo su obra. Él es un Padre presente y amoroso, consciente de nuestras heridas más profundas y de nuestras aún más profundas necesidades.

No siempre somos capaces de ver esto con claridad. No obstante, incluso cuando parezca lo contrario, debemos recordar que a veces cuando nos sentimos rechazadas y no tomadas en cuenta, cuando Dios parezca ocupado en otra parte o incluso inmóvil a propósito, la verdad es que Él está obrando. Quizá haciendo algo completamente más allá de lo que habíamos imaginado.

No la han dejado de lado

No mucho tiempo después de no haber sido invitada a la conferencia sobre la cual le acabo de contar, recibí una invitación a un encuentro de líderes. Estaba tan agradecida. Sabía que podría intercambiar historias con otros asistentes sobre sus momentos sin invitación, y de seguro me haría sentir más normal.

Sí, había muchos sentimientos que creí que tendría en esta pequeña conferencia a la cual estaba ansiosa por asistir. Aceptación. Diversión. Camaradería. En teoría, era el grupo de personas ideal.

Dirigían organizaciones. Yo también dirigía una organización. Eran vulnerables, yo también. Al igual que yo, conocían la presión pública que alimenta nuestras inseguridades privadas. Conocían el estrés de las fechas límites, así como el tratar de encontrar el equilibrio entre los niños y el ministerio.

Sí, con seguridad esta sería mi gente. Y lo grandioso sobre reunirse con personas con quienes ya sabe que va a congeniar, es que la van a entender. Entenderla de tal manera como cuando se tienen bromas internas las cuales hacen que las conversaciones sean amenas y encantadoras.

No podía esperar reunirme con estas personas. Y no podía esperar por la gran amistad que seguramente surgiría como resultado de nuestro tiempo juntos. Entré a la sala y rápidamente me encontré con las personas a quienes estaba emocionada por conocer. Cada asiento estaba rotulado con el nombre, así que di la vuelta a la mesa, buscando el mío. Cuando llegué al último asiento y me di cuenta de que mi nombre no estaba allí, se me encogió el corazón.

Deambulé en confusión por toda la sala en busca de mi nombre, sintiéndome cada vez más fuera de lugar. Finalmente, en una mesa del otro lado de la habitación, lo encontré. Reconforté mi corazón creyendo que el Señor debía tener un plan especial para mí al reunirme y conectar con las otras personas asignadas a mi mesa. Tomé asiento y saqué mi celular, mientras que nerviosamente esperaba a mis compañeros de mesa.

Esperé.

Y esperé.

Y esperé.

Cuando concluyó la oración por los alimentos y el evento ya estaba encaminado, fue dolorosamente aparente que las otras personas asignadas a mi mesa no iban a poder asistir por alguna razón. Estaría sentada sola. Muy sola.

En realidad. No creo que nadie más realmente haya notado mi aprieto. Después de todo, para ese entonces todos en la sala estaban ocupados pasándose los panecillos y las opciones de aderezos para ensalada. En mi cabeza, comencé a tener una pequeña conversación lamentable: *Bueno, ¿te gustaría un panecillo? ¿O diez quizá? Ciertamente es una opción cuando está sentada sola en una mesa para diez.*

Y entonces una oración muy clara vino a mi mente. *No te han dejado de lado. Tú fuiste apartada.* No fue audible. Y no provino de mi propio pensamiento. Sabía que fue un pensamiento que Dios asignó, sobre el cual necesitaba reflexionar.

Ser dejada de lado es ser rechazada.

Eso es exactamente lo que el enemigo habría querido que sintiera. Si pudiera lograr que me sintiera así, entonces me habría vuelto completamente absorta en mis propias inseguridades y me habría perdido lo que fuera que Dios tuviera para mí en este evento.

Cuando una es apartada significa que tiene una misión la cual requiere preparación.

Creo que Dios quería que viera eso. Si pudiera llegar a comprenderlo, sería capaz de abrazar la lección de esta determinada situación. Y la lección del otro evento al cual no había sido invitada. Y simplemente una gran lección para la vida en general.

La lección era la siguiente: Todo aquello que nos infunde humildad es bueno. Incluso si se siente como humillación en el momento, las obras de la humildad dentro de cada una son un regalo. El obrar de Dios en lo secreto nos recompensará en público. La única diferencia entre humildad y humillación radica en que una elige inclinarse, mientras que la otra tropieza y cae. De cualquier modo, su gracia sublime levantó mi rostro, y vi que al otro lado del orgullo están algunos de los mejores dones de Dios.

La Biblia nos recuerda que con la humildad, viene la sabiduría (Proverbios 11:2). Dios mismo nos exaltará a su debido tiempo (1 Pedro 5:6). "Dios se opone a los orgullosos pero da gracia a los humildes" (Santiago 4:6, NTV). Ser humildes no es un lugar de debilidad sino una posición que vendrá con honores (Proverbios 18:12). Y la humildad es una condición absoluta para quien le pida a Dios que sane su tierra (2 Crónicas 7:14).

Sí, el rechazo nos hace humildes hasta el punto de la humillación. Pero querida amiga, no permita que el rechazo le siga robando. Reciba los dones poco conocidos del rechazo, los cuales pueden obrar para bien en su vida si usted quiere. He aquí tres de estos dones que en lo personal he abrazado:

- **El don de sentirse inferior.** Cuando menguamos, le damos lugar a Dios para hacer su gran obra. Se nos recuerda acerca de esto en Juan 3:28–30, cuando Juan el Bautista le insiste a sus seguidores que él no es "el Mesías, sino uno que ha sido enviado delante de él. En una boda, el que tiene a la novia es el novio; y el amigo del novio, que está allí y lo escucha, se llena de alegría al oírlo hablar..." (DHH). Imagínese lo que todos se perderían en una boda si el amigo del novio no quisiera que el novio tomara su lugar. La novia radiante solo camina hacia el altar cuando sabe que el

El *obrar*

de Dios

en lo *secreto*

nos *recompensará*

en *público.*

novio está parado al final para recibirla. Entonces la boda gloriosa tiene lugar.

Al escribir este pasaje, Eugene Peterson dice: "Por esta razón mi copa está rebosando. Es el momento en el que él ocupa el lugar central, mientras que yo me hago a un lado".⁴ En este lugar al margen, apartado, Dios le dará la sabiduría especial que necesita para la próxima misión. En un minuto, veremos esto desde un punto de vista práctico. Pero primero, los dones de la humildad número dos y tres...

[N. del. T.: Se traduce al español la versión de la Biblia The Message (El mensaje) de Eugene Peterson, ya que la misma no está disponible en dicho idioma].

- **El don de la soledad.** El mismo desarrollará en usted un sentido más profundo de compasión por su prójimo. Además de la bendición de la compasión que se desarrolló en mí, esos tiempos de soledad también fueron cuando Jesús derramó su compasión más íntima sobre mí. ¿No es interesante que Jesús parecía hablarles de manera más íntima a las personas que estaban solas? Dudo que su conversación con la mujer samaritana en el pozo de Jacob en Juan 4 haya sido la misma si ella hubiera estado rodeada de gente. Y encontramos una clase similar de mensaje personalizado con la mujer que fue sorprendida en adulterio en Juan 8. Él no habló con ella de manera personal e íntima hasta que los demás se marcharan.

Ambas mujeres estaban solas, no solo físicamente sino también desde el punto de vista emocional y espiritual. Las vemos en una soledad extrema y en situaciones humillantes. Percibimos su aislamiento. Entonces vemos a Jesús entrar en su soledad y derramar su compasión sobre ellas y, ciertamente, con la mujer samaritana, surgió en ella una compasión por las personas de su pueblo.

Desde luego, esto también es lo que sucede en mi vida. Las conversaciones que tengo con el Señor en mi soledad siempre me llevan a más intimidad con Él y a más compasión hacia otros. Tenga por seguro que cuando ahora asisto a una conferencia, busco a alguien que esté sentada sola y me aseguro de que sepa que no pasa inadvertida. Cuando alivio el dolor de la soledad en otras, de manera preciosa se alivia también en mí.

- **El don del silencio.** Si las voces de esas personas a quienes estaba tan ansiosa por conocer aquella noche me hubiesen rodeado, seguramente no habría escuchado la voz de Dios. Ahora trato de entretejer más silencio en los ritmos de mi vida, a fin de poder susurrar: "Dios, ¿qué quisieras decirme ahora mismo? Te escucho". Eclesiastés nos dice: "Todo tiene su momento oportuno; hay un tiempo para todo lo que se hace bajo el cielo…un tiempo para callar, y un tiempo para hablar" (3:1, 7).

Tengo que pasar tiempo en silencio a fin de estar preparada para oír cosas nuevas de parte del Señor. ¿Acaso no es un pensamiento maravilloso que Dios esté esperando a que haya silencio en su vida para compartir algunos de sus mejores secretos con usted? En verdad fue un secreto profundo desde el corazón de Dios hacia el mío cuando, en mi silencio, susurró a mi alma: No te han dejado de lado. Tú fuiste apartada. Esta declaración me afirmó, me cambió y me preparó para compartir este mismo mensaje con usted.

Sé que puede ser doloroso estar sola. Y sé que los pensamientos de que la dejen de lado son fuertes y abrumadores, tentándola a creer en los vacíos que provoca el sentirse ignorada y sin invitación. Pero cuando ore en medio de sus sentimientos, vea si quizá su situación tenga que ver más con el hecho de estar preparada que con ser pasada por alto. Existe algo maravillosamente sagrado que sucede cuando una mujer elige darse cuenta de que el hecho de que la dejen de lado es en realidad el llamado de Dios para santificar su vida.

Existe algo maravillosamente sagrado que sucede cuando una mujer elige darse cuenta de que el hecho de que la dejen de lado es en realidad el llamado de Dios para santificar su vida.

Sin embargo, a veces cuando Dios nos llama a apartarnos para otro propósito, es difícil creer en la bondad de Dios en medio del sufrimiento. ¿Alguna vez ha llorado mucho por algo hasta quedarse sin lágrimas? Sus ojos hinchados se rinden y se secan mientras que un sentimiento de inquietud aún brota de su alma. Y levanta su mirada al cielo en total frustración.

Yo también.

Y hay alguien más en la Biblia quien también pasó por lo mismo.

Se sentía provocada e irritada. Su angustia era tan intensa que solo lloraba y no comía. Delante del Señor, clamaba con amargura en su alma: "SEÑOR Todopoderoso, si te dignas mirar la desdicha de esta sierva tuya, y si en vez de olvidarme te acuerdas de mí...yo te..." (1 Samuel 1:11).

Estas palabras describen y articulan la profunda aflicción de una mujer hace miles de años; y sin embargo, aquí estoy en tiempos modernos y puedo identificarme completamente. Dichas palabras pertenecen a una mujer llamada Ana, quien se encuentra en 1 Samuel 1. Pero tiene que saber que la declaración de Ana fácilmente pudo haber salido de mí. Incluso de usted.

Las lágrimas de Ana por su esterilidad dolían aún más a causa de la otra mujer de su esposo, Penina. Ella tenía muchos hijos e hijas y se aseguraba de restregárselo en su cara cada vez que tenía oportunidad. Al estilo clásico de las chicas malvadas, las acciones de Penina herían a Ana en su lugar más débil.

"Penina, su rival, solía atormentarla para que se enojara, ya que el Señor la había hecho estéril" (1:6). Existe un común denominador a través de la historia de Ana, y de la suya y la mía. Todas queremos con desesperación algo que el Señor les dio a otras mujeres. Lo vemos bendecirlas en las mismas áreas que Él nos está negando. Y si bien estas otras mujeres tal vez no sean tan ofensivas como Penina al recordarnos de sus bendiciones y de nuestra escasez, resulta muy doloroso cada vez que vemos un recordatorio. Las miramos y nos sentimos dejadas de lado.

¿Por qué ellas? ¿Por qué no yo?

Entonces el aparente silencio injusto de Dios nos lleva de un corazón afligido a llorar con amargura. Y comenzamos a sentir algo en lo profundo de nuestro ser que entra en conflicto con todo lo que hemos creído. *Si Dios es bueno como hablamos en el capítulo dos, ¿por qué no me muestra su bondad en esta situación?*

Y en este momento de cruda honestidad, nos vemos obligadas a admitir que desconfiamos un poco de Dios. Hemos hecho todo lo que sabíamos hacer. Hemos orado todo lo que sabíamos orar. Nos hemos parado con fe en infinitas promesas. Y todavía no pasa nada.

¿Alguna vez ha desconfiado de Dios en este sentido?

No me refiero a preguntarnos si Dios existe. Esta no es una lucha de debate intelectual sazonada con hechos; sino una lucha de realidades emocionales salada con sentimientos.

Hace mucho tiempo acepté su existencia. Y es a causa de que sé que Él existe y que me ama que las cosas se vuelven tan confusas y complicadas. Mi corazón lucha para hacer las paces entre la capacidad de Dios de cambiar las situaciones difíciles y su aparente decisión de no cambiarlas en mi vida.

En el caso de Ana, tenemos el beneficio de leer toda su historia, y en cuestión de cuatro versículos (17–20), su llanto de angustia dio paso a los llantos de su hijo recién nacido. Pero 1 Samuel 1:20 utiliza palabras muy claras para hacerme saber que la respuesta de Ana no llegó de inmediato: *"Aconteció que al cumplirse el tiempo*, después de haber concebido Ana, dio a luz un hijo" (RVR1960, énfasis añadido).

Y al cumplirse el tiempo, todo también se resolverá en mi vida. Y en la suya. Mientras tanto, hay otro concepto más que agregar a los dones de la humildad que se abordaron anteriormente: el perdón.

Estando parada frente al espejo, pensando en la mujer de piernas delgadas, coloqué un mechón de cabello detrás de mi oreja y tragué con dificultad, porque no sabía qué más hacer. En lugar de soluciones, todo lo que oía en respuesta al clamor de mi corazón eran mensajes de perdón. Como gotas de lluvia molestas cuando mi cabello luce estupendo, no dejaban de venir a mi mente frases y canciones y mensajes sobre el perdón.

Tristemente, tenía ganas de decirles a cada uno de estos pensamientos que se podían meter en donde el sol no brilla. Como en mi regazo, carente de un espacio entre muslos.

Ya sé, concuerdo con usted. Esa última confesión solo refleja que la maldad me ha consumido. Desde mi mente, pasando por mi corazón y hasta las puntas de los dedos de los pies, resistía el perdón. Hasta que vi a alguien escribir la palabra de este modo: *para dar*. [N. del. T.: Es un juego de palabras que se da en el idioma inglés ya que *forgive* significa "perdonar", pero si se escribe separado *for give* significa "para dar"].

Dios nos hizo para dar.
Dios la hizo para dar.
Dios me hizo para dar.

Y si fuimos destinadas a dar, tenemos que ver de manera diferente las oportunidades que se nos quitaron. ¿Y si acaso no me quitaron realmente esta oportunidad? ¿Y si en realidad me salvaron de recibir este regalo, porque para mí iba a ser una carga encubierta?

¿Qué pasa si mi amiga de piernas delgadas de hecho me estaba haciendo el favor enorme de realizar esa misión para que yo no tuviera que hacerla? ¿Y si fui apartada para algo más? De esto se trata esa sabiduría especial que mencioné en el primer don de humildad hace algunas páginas. No nos sale de manera natural pensar así. No obstante, si escojo confiar en que esta es la protección de Dios para mí y la provisión de Dios para ella, todo cuadra en su lugar.

De este modo, puedo darle a ella esta oportunidad.

Puedo darle a Dios la confianza que plenamente se merece.

Y puedo darme a mí misma el espacio para retroceder, alejarme y tomar distancia de todas las emociones descabelladas que hoy roban mi atención de los otros dones justo enfrente de mí.

En lugar del rechazo, puedo en verdad regocijarme. Esa misión no fue destinada para mí. Cuando estoy dispuesta a dar, ambas salimos ganando.

Ella obtiene la tarea para la que fue destinada.

Yo quedo libre para otras misiones diseñadas a mi medida.

Y ninguna de nosotras queda atrapada en emociones incómodas derivadas de los sentimientos de rechazo y amargura.

Desde luego, sus muslos tonificados aún me hacen tropezar de vez en cuando. Pero estoy haciendo este nuevo ejercicio en video que encargué por la televisión, el cual promete levantar y tonificar y eliminar la flacidez. Apuesto que para cuando nos veamos en el cielo, mis piernas van a lucir estupendas.

O tal vez no.

Quizá mis piernas fueron creadas más bien para la estabilidad. Ninguna briza suave va a derribar a esta mujer, ¡se los aseguro!

Pero no tiene importancia, porque Jesús nos recordará que las piernas no son algo sobre lo que vamos a pensar en la eternidad. Y todas las hijas de Dios dicen: "¡Aleluya!".

Capítulo 10

Su éxito no amenaza el mío

Hace varios años, recuerdo volcar todas mis mejores palabras en notas que se volvieron páginas, que a su vez se volvió una propuesta para un libro. Guardé mi corazón y mis sueños en una carpeta de color morado de Office Max (porque nada decía: "¡Soy autora material!" más que una carpeta archivadora morada de Office Max) y solo esperaba lo mejor.

Ese verano entregué mi propuesta a varios editores. Quería que el mensaje sobre el cual había estado trabajando llegara a tantas manos como fuera posible, y sabía que lo lograría a través de la publicación de un libro. Estos editores tenían la llave para hacer realidad mi sueño.

Durante los meses después de enviar mi propuesta, soñaba con el día en que alguna editorial dijera que sí.

No puedo decirle la cantidad de tardes que pasé enfrente de mi buzón de correo, conteniendo la respiración y orando para que hubiera buenas noticias. Cuando las cartas de rechazo comenzaron a llegar, traté de mantener la esperanza, creyendo que seguramente habría alguna respuesta positiva. Solo necesitaba una editorial que aceptara.

Pronto, había recibido una respuesta negativa de todas ellas excepto una. Y cuando recibí ese rechazo final, me sentí una tonta por creer que podía en verdad escribir un libro. Mi sueño no era más que una farsa. No tenía habilidades para escribir. Y debí haber oído mal a Dios.

Al mismo tiempo, tenía amigos aspirantes a escritores quienes recibían diferentes cartas de las editoriales.

Cartas sorprendentes.

Cartas que concretaban sueños.

Cartas que se convertían en contratos de libros.

En mis mejores momentos, hice lo correcto y con autenticidad celebré con ellos. Pero entonces, hubo otros momentos. Momentos difíciles. Momentos cuando sentía que la vida de mis amigos pasaba delante de mí en una ráfaga de objetivos cumplidos, nuevas oportunidades y confirmaciones del llamado de Dios para sus vidas. Literalmente, parecía que el mundo me pasaba de largo.

En esos momentos, dije: "Bien por ellos". Pero en mi interior, no dejaba de pensar: *Caramba...Eso significa cada vez menos oportunidades para mí.* La cruda esencia del sufrimiento honesto raramente produce pensamientos buenos.

¿Por qué no puedo tener la clase de victoria que ella está experimentando?

Ella está mucho mejor conectada, tiene mejores recursos y es más talentosa que yo.

Dado que ya es exitosa con su esfuerzo, me pregunto si todavía necesitan el mío.

Cuando escribí estos pensamientos que corrían como en una pantalla informativa en mi mente, quedé sorprendida ante lo que había permitido. Ninguna de estas declaraciones era de ayuda. Ninguna de ellas honraba a Dios. Ninguna de ellas reconocía la provisión de Dios, la cual es más que suficiente para todas nosotras.

Cada una de estas afirmaciones minimizaba a Dios y maximizaba mis debilidades. Así no es cómo debemos pensar. Se supone que debemos maximizar a Dios, lo cual mantiene nuestras debilidades en perspectiva.

Esta manera de pensar realmente apestaba. Y si permitimos que nuestros pensamientos apesten, ese olor se va a filtrar en cada poro de nuestro ser: nuestras palabras, nuestras acciones y, especialmente, nuestras reacciones. Proverbios 23:7 nos recuerda: "Porque cual es su pensamiento en su corazón, tal es él" (RVR1960). Ya hemos hecho un pequeño análisis al respecto cuando hablamos sobre las cajas de la amargura y de la gracia, pero debido a cuánto nos afecta, creo que vale la pena desarrollar el tema con más profundidad.

Si permitimos que nuestros pensamientos apesten, ese olor se va a filtrar en cada poro de nuestro ser: nuestras palabras, nuestras acciones y, especialmente, nuestras reacciones.

El hedor

Tengo una perrita adorable de tres libras (un kilo y medio) llamada Willow. Es preciosa. Es dulce y me encanta abrazarla. Sin embargo, hace algo que jamás podré entender. Cuando está recién bañada o recién cepillada, sale en busca de excremento de ciervo y se revuelca en el mismo hasta que ese olor horrible la invada por completo. Ciertamente, es el comportamiento más extraño que he visto. Y no existe nada que me anime a querer acercarme a ella. ¡Nada!

La quiero mucho, pero cuando se revuelca en el excremento, no solo le afecta a ella; me afecta a mí y a todos los demás de nuestro hogar que se le acerquen. Del mismo modo, cuando usted y yo nos revolcamos en pensamientos que apestan, afecta el ambiente de dondequiera que vayamos. Los pensamientos repugnantes no solo son desagradables; son indicios de muerte y no de vida.

Como mujeres de Jesús, no podemos caminar en victoria mientras nos revolquemos en pensamientos de derrota y rechazo. Debemos llevar con nosotras el dulce aroma de conocer a Jesús dondequiera que vayamos. El apóstol Pablo escribió acerca de esto en 2 Corintios 2:14: "Sin embargo, gracias a Dios que en Cristo siempre nos lleva triunfantes y, por medio de nosotros, esparce por todas partes la fragancia de su conocimiento".

Cuando Pablo escribió esto, tenía en su mente la procesión que tuvo lugar en un triunfo romano:

> ...el general victorioso en su carruaje de caballos blancos, los soldados triunfantes...la envolvente nube de incienso que subía al cielo azul, y la multitud de espectadores dando voces de júbilo...Como el envolvente incienso atrae a la vez los dos sentidos, y era visible en sus nubes rizadas de humo y, de manera similar, fragante al olfato, así lo dice Pablo, con una combinación singular de expresión, "pone de manifiesto", que es visible, el sabor de su conocimiento. Desde un corazón encendido por la llama del amor divino subirá el aroma de una vida santificada visible y fragante, dulce y hermosa.[1]

El conocimiento de Cristo debe manifestarse en nuestro desbordar, independientemente de nuestro éxito relativo o desánimo frente al rechazo. Desde nuestros corazones hasta nuestros pensamientos hasta nuestras palabras hasta nuestras acciones, no tenemos nada que hacer revolcándonos en el hedor. Como señala el comentario anterior: "Desde un corazón encendido por la llama del amor divino subirá el aroma de una vida santificada visible y fragante".

Todos somos propensos a los pensamientos que apestan. Todos nosotros. Por tanto, ¿cómo detenemos el hedor? Todavía tengo que averiguarlo con mi perra, Willow. Pero he descubierto la solución para usted y para mí.

Debemos detener la escasez de pensamiento.

La escasez contra la abundancia

¿Qué significa exactamente la escasez de pensamiento? Me gusta la manera en que Stephen Covey lo expresa en su libro titulado *Los 7 hábitos de la gente altamente efectiva:*

> La mayor parte de las personas tienen profundamente grabado en su interior el guion de lo que yo denomino "mentalidad de escasez". Ven la vida como si hubiera pocas cosas, solo una tarta. Y si alguien consigue un trozo grande, necesariamente otro se quedará con menos.
>
> La mentalidad de escasez es el paradigma de suma cero de la vida. Las personas con mentalidad de escasez se sienten mal si tienen que compartir reconocimiento y mérito, poder o beneficios, incluso aunque sea con quienes les ayuden en la producción. También se sienten muy mal ante los éxitos de otras personas.
>
> La mentalidad de abundancia, por otro lado, surge de una profunda sensación interior de valía y seguridad personales. Se trata del paradigma de que en el mundo hay lo bastante como para que nadie se quede sin lo suyo. El resultado es que se comparten el prestigio, el reconocimiento, las utilidades, la toma de decisiones. Se generan posibilidades, opciones, alternativas y creatividad.[2]

En otras palabras, quienes viven con una mentalidad de abundancia, quienes operan desde un profundo conocimiento de su valor inmensurable, viven amadas. Dado que el libro de Covey se enfoca mayormente en la dinámica del mundo de los negocios, quería saber si la Biblia específicamente abordaba un enfoque abundante de la vida contra uno de escasez.

Y, amigas, efectivamente. De hecho, se encuentra entretejido en la propia creación. Desde el comienzo, la voluntad de Dios fue de abundancia. En Génesis 1 vemos que Dios crea un mundo bueno, bendecido con un potencial de vida abundante

dentro del ADN de toda su creación. Su instrucción a su creación fue: "Sean fructíferos y multiplíquense" (v. 28).

Las plantas no estaban limitadas. Los animales no estaban
limitados. Las personas no estaban limitadas. Dentro de cada
uno había semillas para multiplicarse. Esta habilidad fructífera
claramente nos habla de la bondad y de la abundancia de Dios.

El Salmo 104, el poema más extenso sobre la creación, es
un comentario sobre Génesis 1. El salmista examina la
creación y la nombra; los cielos y la tierra y las aguas y
los manantiales y las fuentes y los árboles y las aves y el
ganado y el vino y el aceite y el pan y la gente y los leones.
Se extiende por 23 versículos y concluye en el versículo
24 con la expresión del salmista de asombro y adoración
por Dios y su creación. Los versículos 27 y 28 son algo
similar a una oración de mesa. Proclaman: "Todos ellos
esperan de ti que a su tiempo les des su alimento". Este
salmo pone de manifiesto que no necesitamos preocupar-
nos. Podemos confiar plenamente en Dios. La fertilidad
del mundo es inagotable.

Estas escrituras juntas proclaman que el poder de la
vida de Dios ha sido librado en el mundo. Génesis 1 afirma la generosidad y niega la escasez.

Desde Génesis 1, el patrón de la abundancia se ve hasta el final de Génesis 47. Después todo cambia de manera
drástica.

En ese capítulo, faraón sueña que habrá hambruna en la
tierra. Así que faraón se organizó para administrar, controlar y monopolizar el suministro de alimentos. Faraón
introduce el principio de la escasez en la economía mun-
dial. Por primera vez en la Biblia, alguien dice: "No hay
suficiente. Llevémonos todo".

Hacia el final de Génesis 47, faraón poseía todas las tie-
rras excepto aquella que pertenecía a los sacerdotes, la
cual nunca toca porque necesita que alguien lo bendiga.
La noción de la escasez se ha introducido en la fe bíblica.

El libro de Éxodo registra la contienda entre la liturgia de la generosidad y el mito de la escasez; una contienda que aún nos divide en la actualidad.[3]

Al estudiar estas escrituras, sentía que estaba comenzando a entender la manera en que esto se relaciona con mi lucha contra el rechazo.

Si miro mis sueños, deseos y esperanzas para el futuro desde un lugar de la escasez y de la provisión limitada del mundo, constantemente alimentará la noción de que el éxito de otra persona constituye una amenaza para el mío. En otras palabras, si alguien obtiene una oportunidad significa menos oportunidades para mí. Faraón, impulsado por un sueño empapado de temor, procesó sus preocupaciones a través de su mentalidad terrenal, sin la guía de Dios. Y de repente, el hecho de que otras personas tuvieran libre acceso a los alimentos se sintió una amenaza para él. Eso no es sabiduría, sino temor. No es así cómo debemos procesar la vida.

Debemos procesar la vida con nuestros ojos puestos en el Señor y en su Palabra de sabiduría. Santiago 3:14–15 dice: "Pero si tenéis celos amargos y contención en vuestro corazón, no os jactéis, ni mintáis contra la verdad; porque esta sabiduría no es la que desciende de lo alto, sino terrenal, animal, diabólica" (RVR1960).

¿Qué cosas apartan su corazón de la sabiduría de Dios? Permítame dar un pronóstico sobre lo que creo que pudo haber robado al menos una pequeña parte de usted en la última hora: las redes sociales.

¡Espere! No deje el libro pensando que estoy en contra de las redes sociales. Definitivamente hay cosas buenas para rescatar. Pero si aleja su corazón de la sabiduría de Dios, la está llenando con algo más. Sé muy bien de lo que hablo.

Es fácil navegar por publicaciones —en donde la gente sube el lado hermoso, exitoso y brillante de la vida— y de repente sentirse que quizá no estemos a la altura. Nos sentimos inferiores. Ignoradas. Incapaces.

Cierto día me di cuenta de que tenía que dejar de mirar cosas que destaquen el éxito de los demás hasta que pudiera procesarlas de una mejor manera. Hasta que pudiera mirar a otros y genuinamente celebrar sus vidas sin sentir nada más que alegría por ellos. Tenía que eliminar mi mentalidad de escasez. ¿Cómo lo lograba?

* *Comencé a pedirle a Dios que bendijera a los demás y oraba este versículo de abundancia por ellos.*
  "Y Dios puede hacer que toda gracia abunde para ustedes, de manera que siempre, en toda circunstancia, tengan todo lo necesario, y toda buena obra abunde en ustedes" (2 Corintios 9:8).
* *Le pedía a Dios que los ayudara a que les vaya bien.*
  "No mirando cada uno por lo suyo propio, sino cada cual también por lo de los otros" (Filipenses 2:4, RVR1960).
* *Le pedía a Él que enviara más personas (no menos) al ministerio. Todos estamos en el mismo equipo; por tanto, le prometí que les compartiría mis conocimientos y mis contactos.*
  Jesús nos recuerda lo siguiente: "La cosecha es grande, pero los obreros son pocos. Así que oren al Señor que está a cargo de la cosecha; pídanle que envíe más obreros a sus campos" (Lucas 10:2, NTV).

Sabía que finalmente llegaría hasta el punto de decir de manera auténtica: "Su éxito no amenaza el mío".

Es tan cierto, mi querida amiga. Cuando a las demás les va bien, a todas nos va bien. Las mareas suben cuando vemos que una hermana hace de este mundo un lugar mejor con sus dones. Cuando comencé a creer en esto, mi mentalidad de escasez empezó a convertirse en abundancia. Y eso fue hace dieciocho libros publicados.

Así que incluso cuando las puertas cerradas y los rechazos parezcan prevalecer sobre las oportunidades nuevas que le gustaría ver, incluso mientras esté buscando reajustar su manera de pensar, recuerde que hay una necesidad abundante en este mundo por sus contribuciones para el reino... sus pensamientos y palabras y expresiones artísticas... su belleza única.

Elija vivir amada mientras esté en medio del viaje, y sepa que aquello que Él tiene preparado para su vida es más de lo que pueda llegar a imaginar.

Hay una necesidad

abundante

en este mundo

por su *belleza*

única.

Capítulo 11

Diez cosas que debe recordar cuando la rechacen

Estando en la mesa del restaurante me moví al lado de mi hija Ashley. Pedimos guacamole, hielo extra para mi té sin azúcar y limones extras para su agua. Sacó el teléfono y nerviosamente presionó algunas teclas, luego lo volvió a guardar en su bolso. "Todavía no quiero mirar".

Hacía dos días habían publicado sus calificaciones del primer semestre, pero ella se negaba a darles un vistazo. Decidimos hacer esto juntas en uno de nuestros restaurantes favoritos. Juntas es una manera grandiosa de atravesar algo que una teme que podría hacerla sentir un poco angustiada.

Había trabajado muy duro. Su programa había sido increíblemente desafiante, y tuvo varias noches sin dormir cuando no estaba segura si iba a poder salir adelante. Después de todo, la escuela no siempre ha sido fácil para Ashley. Cuando estaba cursando octavo grado, sus maestras solicitaron una reunión con Art y conmigo. Nos quedamos sorprendidos al descubrir que durante los primeros dos meses de ese año escolar, estaba fallando en cada clase.

No se debía a su falta de esfuerzo. Entregaba su tarea y estudiaba para las evaluaciones. Simplemente no estaba comprendiendo el nuevo plan de estudios que su escuela había puesto en marcha ese año. Sus promedios eran tan bajos que incluso si comenzara a sacarse buenas calificaciones desde ese momento en adelante, realmente no iba a ser suficiente para cambiar su situación. Su única sugerencia era que repitiera séptimo grado.

De inmediato supe que no funcionaría.

Esta escuela era una escuela privada muy pequeña en donde sería muy difícil hacer un cambio como ese sin preguntas complicadas, suposiciones y opiniones. La secundaria no es el lugar para proclamar ante todos sus compañeros: "No puedo aprobar octavo grado. Así que básicamente voy a quedarme con séptimo grado por el resto del año".

También creo que la escuela sabía que esto no resultaría. Se ofrecieron a ayudarnos para transferirla a una escuela diferente.

No era su intención rechazarla. Pero se sintió como si lo fuera.

A veces aquello que parece una solución práctica para una parte se puede sentir como una completa disolución para la otra. Esta escuela privada que alguna vez se había sentido tan adecuada y tan segura ahora era en gran medida una puerta cerrada para nuestra hija. No teníamos otra opción más que transferirla a una escuela pública en donde los demás niños desconocerían el hecho de que Ashley estaba repitiendo séptimo grado.

Su seguridad fue sacudida. Sus planes se sentían inestables. Y su futuro académico parecía perturbador.

Sin embargo, después de dos semanas de un nuevo comienzo en la escuela pública, su maestra de inglés le otorgó un premio por un poema que había escrito en clase. Este incentivo encendió una chispa en Ashley. Lentamente, pequeños logros en su escuela nueva le dieron la confianza suficiente para creer que era posible tornar su situación. Y para final de ese año, estaba en la lista de honor. Cuando entró en la preparatoria, logró obtener calificaciones muy buenas e incluso se graduó con honores.

Ahora en la universidad, había elegido una carrera académicamente rigurosa. A las clases para los estudiantes de primer año para esa carrera difícil se las conocía por eliminar a muchos aspirantes. Ella estaba muy consciente de lo desafiante que sería.

Lo había dado todo.

Pero los exámenes tenían gran influencia en sus calificaciones generales, y no estaba segura de cómo le había ido. Ahora había llegado el momento de averiguar los resultados. La persuadí para que volviera a sacar el teléfono y abriera el correo. Si bien ese rechazo en su octavo grado estaba muy lejos de ella en ese momento, de algún modo el temor persistente de esa experiencia del pasado estaba tan presente en ese almuerzo como el guacamole. Esta capacidad del temor de controlar sus emociones era dolorosamente evidente.

Al enemigo le encanta tomar nuestro rechazo y distorsionarlo en un temor crudo e irracional de que Dios realmente no tiene planes de bien para nosotros. Este temor es un compañero corrompido. El mismo remplaza las verdades en que hemos confiado con mentiras sin esperanzas. Satanás sabe que lo que nos consume nos controla. Por tanto, cuanto más seamos consumidas por el rechazo, más podrá controlar nuestras emociones, nuestra mente y nuestras acciones.

Ese constituye el lugar exacto en donde el pánico comienza a remplazar la paz. La incertidumbre empieza a eclipsar nuestra fe. Y el desánimo amenaza con robarnos el gozo.

¿Qué debe hacer una persona que tiene quebrantado el corazón? Debemos alabar a Dios, buscar a Dios, mirar a Dios, clamar a Dios, experimentar a Dios, temer a Dios, aprender de Dios, honrar a Dios, acercarnos a Dios y refugiarnos en Dios.

Así es como recuperamos el control de algo o alguien que nunca tuvo que tenerlo y declaramos a Dios como nuestro Señor. Para ayudarnos a ver cómo podemos poner esto en práctica cuando las preocupaciones del rechazo tratan de controlarnos, he aquí diez puntos para recordar y proclamar.

1. Un rechazo no constituye una proyección de futuros fracasos

Es bueno reconocer la herida, pero no la considere como un obstáculo permanente. Deje atrás el origen del rechazo, y no le permita terminar con usted en ese ámbito de su vida. Ya ha robado suficiente de su presente. No lo deje avanzar hacia su futuro.

Quizá esa relación no funcionó. Pero eso no significa que jamás encontrará el amor. Tampoco significa que no sea capaz, querible y encantadora.

Quizá su propuesta de libro no fue adecuada para esa editorial. Sin embargo, no significa que no pueda escribir. No tiene que tener un libro publicado para ser una escritora efectiva.

Tal vez no obtuvo esa oportunidad laboral. Pero no significa que no habrá otras compañías interesadas.

A Ashley no le fue bien en una escuela. Pero no significó que no pudiera prosperar en otra.

Remplace la conversación negativa que la entorpece.
    Remplácela con alabanzas a Dios, quien la librará.
Bendeciré al Señor en todo tiempo;
    mis labios siempre lo alabarán.
Mi alma se gloría en el Señor;
    lo oirán los humildes y se alegrarán.
Engrandezcan al Señor conmigo;
    exaltemos a una su nombre.

Busqué al Señor, y él me respondió;
    me libró de todos mis temores.

—Salmo 34:1–4

2. El rechazo no la etiqueta; sino que le permite adaptarse y avanzar

Es nuestra elección tener una visión realista o una visión pesimista del rechazo.

Las personas con una visión realista consideran el rechazo como una parte natural de la vida y se adaptan en consecuencia. No significa que no tengan que afrontar sentimientos difíciles. Por el contrario. Pero no les permiten nublar toda su visión de la vida. Aún pueden ver muchos aspectos positivos en sí mismos, en otros y en los planes de Dios. Aquellas con una visión pesimista, por otra parte, ven la vida desde la óptica de su rechazo. Alimentan su perspectiva al colocar etiquetas negativas sobre sí mismas. Cuando alimenta su interior con negatividad; esa misma negatividad se manifestará en su exterior. Esto solo agrava la herida. Las personas pesimistas no quieren quedar atrapadas en este espiral cuesta abajo, pero se sienten envueltas por la vergüenza emocional del rechazo. Solo podrá detener el espiral al remplazar las etiquetas.

Complete los espacios en blanco: Este rechazo no significa que yo sea [cualquier etiqueta negativa o sentimiento de vergüenza que tenga]. Esta [oportunidad] [persona] [deseo] no es adecuada para mí en este momento. En lugar de permitir que los sentimientos de esta situación me etiqueten, voy a enfocarme en Dios y en sus promesas por cosas buenas.

Radiantes están los que a él acuden;
   jamás su rostro se cubre de vergüenza.

—SALMO 34:5

3. Podría tratarse de una invitación para vivir con la expectativa de algo más

Cosas buenas están por venir. Lo sé. Las decepciones de hoy abren paso a los sueños del mañana. Procuremos buscar las cosas buenas con gran esmero.

---

*Las decepciones de hoy abren paso
a los sueños del mañana.*

Una amiga, a quien recientemente invité para irnos de viaje, me recordó hacer esto. Ella estaba emocionada y tenía muchas ganas de ir. Pero cuando oró al respecto, sintió que el Señor le decía que no aceptara la invitación. Estaba confundida, porque no podía entender por qué no sería una buena idea. Pero en obediencia a Dios, me envió un mensaje diciendo que no podría acompañarme en el viaje.

Leí su mensaje y me sentí muy decepcionada.

Me preguntaba si la razón de no aceptar tenía que ver con razones financieras o con otra cosa con la que pudiera ayudar. La llamé por teléfono. Me explicó que no había ninguna razón específica. Simplemente, sentía en lo profundo de su corazón que Dios le estaba diciendo que no debía ocupar su agenda durante ese período. En cambio, debía marcar esos días en su calendario y después esperar con confianza y expectativas creyendo que Dios le revelaría otros planes.

Me sentí realmente inspirada por la respuesta de mi amiga. Quiero vivir expectante a la invitación de Dios. Por lo tanto, al igual que mi amiga, necesitaba mejorar en buscar, registrar y enfocarme en estas citas con Dios en medio de las decepciones.

Creer que Dios ha predestinado nuestros días nos salvará de involucrarnos en planes que no fueron diseñados para nosotras.

Por tanto, digo: "El Señor es todo lo que tengo. ¡En él esperaré!". Bueno es el Señor con quienes en él confían, con todos los que lo buscan. Bueno es esperar calladamente que el Señor venga a salvarnos.

—Lamentaciones 3:24–26

4. Por lo general existe algún elemento de protección envuelto en cada rechazo

Es difícil procesar este concepto cuando a una la rechazan. Pero en muchas de mis experiencias de rechazo, puedo mirar atrás y ver que Dios estaba permitiendo que las cosas se desarrollaran como lo hicieron a fin de protegerme.

En su misericordia, Él lo permitió.

Fue una ruina de misericordia. Es fácil para nosotras enfocarnos en la ruina; pero busque su misericordia en medio de ella. En la misericordia hallaremos la protección. En la misericordia podrá ver que todo encaja en su lugar en vez de que todo se desmorona. Puedo ver esto en lo que parecía ser la ruina de Ashley cuando tuvo que cambiar de escuela. No estoy segura de si habríamos tomado tal decisión si el colegio no nos hubiera forzado. A nuestros otros hijos les iba bien allí y necesitaban quedarse. Tener a Ashley en una escuela diferente añadió algo de complejidad que no habríamos querido asumir. Pero no teníamos otra opción.

No me había dado cuenta cuánto necesitaba Ashley este cambio. Pero el Señor ciertamente sabía lo que hacía cuando permitió que todos estos hechos tuvieran lugar. Toda la tenacidad maravillosa escondida dentro de Ashley estaba lentamente siendo destrozada en un entorno donde sentía que nunca iba a poder salir adelante. Cambiar a una escuela diferente le dio la oportunidad de volver a comenzar.

Cuando ahora la veo prosperar, veo la protección de Dios. Ya no pienso en esa otra escuela en términos de que pudieron retener a Ashley. Ahora veo que nos ayudaron a hacerla libre. Esto me ayuda a confiar en la protección de Dios en otras situaciones de rechazo donde no puedo verla. Quizá usted se encuentre en una de esas situaciones ahora mismo...

Cuando ese hombre maravilloso de Dios me deja, ¿en dónde está la protección?

Cuando no logré obtener esa oportunidad la cual me habría ayudado mucho financieramente, ¿en dónde está la protección?

Cuando varias amigas cercanas se van a un fin de semana de chicas y olvidan invitarla, ¿en dónde está la protección?

En ese lugar de falta de comprensión, simplemente debemos declarar: "Dios, no entiendo esta situación. Pero sí comprendo tu bondad sobre mí. Te agradezco por la protección que es parte de este rechazo, aunque no pueda verla. Confío en ti".

El ángel del Señor acampa en torno a los que le temen;
    a su lado está para librarlos.
Prueben y vean que el Señor es bueno;
    dichosos los que en él se refugian.

Teman al Señor, ustedes sus santos,
   pues nada les falta a los que le temen.
Los leoncillos se debilitan y tienen hambre,
   pero a los que buscan al Señor nada les falta.

                                    —SALMO 34:7–10

5. Es mejor preguntar "qué" en lugar de "por qué"

Tome la decisión de solamente hacer preguntas que la ayuden a avanzar, en lugar de sentirse atascada en las razones de por qué algo sucedió. Las preguntas que comienzan con "qué" aumentan nuestra capacidad para volvernos más conscientes de nosotras mismas, mientras que las preguntas que comienzan con "por qué" solo se enfocan en las cosas que están fuera de su control.

Al orgullo le encanta susurrar: "Es su problema. No el tuyo". La inseguridad susurra: "Eres un desastre. Tú eres el problema". Pero qué tragedia sería sufrir esta herida y rechazar los dones preciosos y costosos de la humildad y la madurez que esta situación bien podría ofrecerle.

Las siguientes son algunas de las preguntas que he considerado útiles:

- ¿Qué cosas buenas he aprendido de esta situación?
- ¿Qué inconveniente tuvo esta situación que puedo estar agradecida de ya no llevar esa carga?
- ¿Qué expectativas idealistas tuve, y cómo puedo manejarlas mejor la próxima vez?
- ¿Qué necesito hacer para aumentar mi confianza, a fin de ir en busca de futuras oportunidades?
- ¿Qué cambio positivo podría hacer en mi actitud sobre el futuro?
- ¿Qué sentimientos negativos persistentes tengo sobre esta situación por los que necesito orar para librarme de ellos, a fin de estar mejor preparada para seguir adelante?

- ¿Qué cosas Dios me ha estado pidiendo que haga hoy para que mi mañana sea más fácil?

También he descubierto que es provechoso escribir estas respuestas; y rodearse de amigas verdaderas para que la ayuden a reflexionar sobre estas preguntas. Posiblemente puedan ver cosas que usted por sí sola pasará por alto. El Señor nos está pidiendo que escuchemos y aprendamos estas lecciones que nos ayudarán a ser cada vez más como Él.

> Vengan, hijos míos, y escúchenme,
> que voy a enseñarles el temor del Señor.
> —Salmo 34:11

6. No invente, ataque ni murmure en internet. Recuerde, internet nunca olvida.

Es bueno tener una amiga sabia y de confianza con quien pueda procesar el rechazo. Ella dejará que exprese sus emociones sin etiquetarla para siempre como irracional. La web y las redes sociales, por otra parte, no serán tan indulgentes.

La sabiduría toma decisiones hoy las cuales serán también correctas mañana. No permita que las reacciones de hoy se conviertan en los remordimientos de mañana. Incluso al utilizar los emoticones inocentes que sugieren corazones rotos, llantos desconsolados y confusión, solo invitará al público en su necesidad privada de sanidad.

No permita que las reacciones de hoy se conviertan en los remordimientos de mañana.

Si siente que necesita ayuda más intensiva, busque a un terapeuta cristiano con quien reunirse. No significa que esté enferma o inestable si visita a un terapeuta. De hecho, algunas de las personas más equilibradas que conozco atribuyen su manera saludable de procesar las emociones a los terapeutas que vieron a lo largo de los años.

El que quiera amar la vida
 y gozar de días felices,
que refrene su lengua de hablar el mal
 y sus labios de proferir engaños.

—SALMO 34:12–13

7. Tiene mucho más que ofrecer que el área que fue rechazada

Uno de los aspectos más difíciles del rechazo es el espacio de tiempo que de repente se introduce en su vida. Es muy probable que esté acostumbrada a una rutina la cual incluía apartar un tiempo para una determinada persona u oportunidad que el rechazo le ha quitado. Ahora que su ocupación ha terminado, es muy fácil sentirse completamente perdida.

Utilice este tiempo extra para descubrir cosas nuevas acerca de sí misma. Así es como descubrí mi pasión por la escritura. Intenté y fracasé en varios empleos creativos que traté de ejercer cuando renuncié a mi empleo de tiempo completo, para quedarme en casa con los niños.

Y cuando digo fracasado, ¡me refiero a que fue un total fracaso!

La lista incluye:

- **Diseñadora floral:** Era alérgica a algo en la tienda, y mi lucha constante con ello molestó a la dueña del lugar. Finalmente, me dijo que quería liberarme para perseguir otros emprendimientos…alias…está despedida.
- **Coordinadora de bodas:** Vomité en la primera y última boda que ayudé a organizar. Y no estando sola en el cuarto de baño. No. Dejaré que su imaginación llene los espacios a partir de aquí.

• **Pintora de murales:** Es una tarea increíble querer pintar. Pero cuando no puede pintar...resulta un problema.

• **Vendedora de utensilios de cocina:** Cuando le dice a una sala llena de potenciales clientes cuán seguro su artículo es y simultáneamente se rebana la punta del dedo; es asqueroso y a la vez el fin de su carrera.

(¡Por favor, perdóneme si usted fue una de las clienta en alguna de estas causas perdidas!).

Resultó ser un viaje lleno de baches. Pero involucrarme en cada uno de estos proyectos fallidos me ayudó a darme cuenta que había sido destinada para crear. Pero mi misión no eran los arreglos florales ni las experiencias de bodas ni la pintura ni la cocina; era hilvanar las palabras a través de la escritura. Si hubiera tenido éxito en esos otros trabajos, quizá nunca habría perseguido mi verdadero llamado.

Ya no miro esos esfuerzos como carreras fracasadas. Ahora los veo como pistas señalando un camino mejor; el camino correcto para mí.

Usted tiene un potencial mayor del que conoce, mi amiga. Mucho mayor.

El Señor afirma los pasos del hombre
  cuando le agrada su modo de vivir;
podrá tropezar, pero no caerá,
  porque el Señor lo sostiene de la mano.
—SALMO 37:23–24

8. Lo que una persona puede ver como una carga, a otra le puede parecer una ventaja maravillosa

El otro día publiqué algo en las redes sociales sobre una carta fuerte que recibí hace años. El propósito de la publicación no era sumirme en el pasado sino más bien ayudar a quienes estuvieran atravesando la misma clase de rechazo a procesar sus sufrimientos con esperanza.

Muchas mujeres me agradecieron y encontraron la publicación muy útil, optimista y alentadora. Pero una muchacha vio esta publicación como una evidencia de que yo no estaba caminando en libertad y sintió la necesidad de desafiarme. La primera vez que leí su comentario, pensé: *¿Qué rallos fue eso?*

Pero entonces me di cuenta de que era mi vulnerabilidad lo que no le gustaba. Aquello que muchas veían como una ventaja, ella lo vio como una carga. Una buena pregunta para hacerme en esta situación es: "Aunque esta cualidad sea buena para la mayoría, ¿la estoy usando de una forma madura?".

Esta comentarista creía que una maestra de la Biblia no debía exponer sus sentimientos. Para ella, esto era una señal de debilidad. Y, para serle honesta, ante la ausencia de madurez, podría absolutamente ser un detrimento al ministerio. No es malo ser vulnerable, pero ¿estoy exponiendo mi vulnerabilidad de una forma madura? Este es un muy buen punto para considerar en lugar de simplemente ignorar su comentario.

Tengo que recordar que su opinión no es del todo cierta. Si bien es bueno considerar lo que dijo, tengo que tomar la decisión de no dejarme consumir por ello. Tengo que mantenerlo en perspectiva.

Los ojos de Dios están sobre mí. No ha ocultado su rostro. Y aunque otras parezcan estar en mi contra, debo asegurarme de que mi reacción hacia ellas sea extender la gracia y el honor de Dios.

> "Pero a ustedes que me escuchan les digo: Amen a sus enemigos, hagan bien a quienes los odian, bendigan a quienes los maldicen, oren por quienes los maltratan".
>
> —Lucas 6:27–28

9. Este es un revés temporal, no una condición permanente

Las emociones que hoy se sienten tan intensas menguarán con el tiempo en tanto que usted lo permita. Recién vimos cómo pensar y hablar sobre este rechazo. Si le otorgamos el poder para definirnos, nos perseguirá durante un largo tiempo. No obstante, si solo le concedemos el poder suficiente para refinarnos, el sufrimiento dará lugar a la sanidad.

¿Recuerda aquel muchacho que mencioné en el capítulo siete, sobre quien estaba convencida de que sería mi futuro esposo? Cuando rompió conmigo, el dolor era tan intenso que durante meses tenía que agarrarme el pecho, preguntándome si estaba sufriendo un ataque al corazón.

Reproduje y reviví nuestra separación cientos de veces y sentía que la vida se había detenido para mí aquella noche colmada de lágrimas. Ese rechazo trató de establecer su residencia de modo permanente en mi corazón con la declaración: "Nunca lo voy a superar". Varios meses después, fui desafiada a dejar de pronunciar esas palabras y a dejar de creer que era una condición permanente que por siempre definiría mi vida.

Tomé ese desafío en serio y me deshice de todos sus recuerdos. Cada recuerdo suyo era un detonador para mí. Retiré todas tus fotografías de mi habitación. Me deshice de todas sus cartas de amor y tarjetas. Y regalé un collar que me había dado. No existían las redes sociales en ese entonces, pero en términos actuales habría significado dejar de seguirlo. Puede parecerle extremo, pero requería de una ruptura total si quería sanar por completo.

De a poco, mis emociones dejaron de sentirse controladas por ese quebranto de corazón.

Finalmente, llegué al punto donde aprendí de mis errores en esa relación y seguí adelante como una persona refinada. Entonces otras relaciones pudieron infundir vida en ese lugar herido y marchito de mi corazón.

Aunque en ese momento se sentía como un estado permanente, en la dimensión de mi vida, ahora puedo ver que en verdad solo fue un revés temporal del cual el Señor me libró.

Los justos claman, y el SEÑOR los oye;
    los libra de todas sus angustias.

—SALMO 34:17

10. No permita que el quebranto de corazón
la destruya. Deje que este quebrantamiento
edifique su vida. Permita que Dios lo use
para fortalecerla y llevarla más lejos.

Hay una frase de la oración que el padre de Art hizo por nosotros en nuestra boda en la que suelo pensar: "Señor, concédeles
los sufrimientos suficientes para que sigan siendo humanos y
los fracasos suficientes para que sus manos estén estrechamen-
te tomadas a las tuyas".

Hubo muchas otras líneas de bendición en la oración, pero
esta parte me hizo inclinar la cabeza, con el peso de cincuenta
y dos libras (veinte kilos) de rizos rociados de aerosol y un velo
hecho a mano. ¿Orar por sufrimientos y fracasos en la ceremonia de boda? Mi rostro se sonrojó al darme cuenta de que me
había olvidado tachar esa parte.

Había visto la oración con antelación. Estaba ya toda escrita.
Pero en el apuro, me había olvidado. Y ahora, básicamente
le habíamos pedido a Dios por aflicciones. En nuestra boda.
Estupendo.

Pero el padre de Art es un hombre sabio. Y estoy agradecida de que no se haya ocupado él mismo de borrar esa parte.
No podría haber entendido la oración en aquel día lleno de
tul blanco, susurros embelesados de amor y con mi hermana de tres años cantando "Cumpleaños feliz" cuando encen-
dimos la vela de la unión. Pero a medida que la vida se ha
ido desarrollando, ahora comprendo mejor la belleza de esas
líneas.

Nuestra vida pudo haber estado muy enfocada en nuestros
propios intereses. Nuestro matrimonio. Nuestro hogar. Nuestros niños. Nuestros planes. Nuestra vida.

Sin embargo, Dios quería mucho más de nosotros. No nos
unió simplemente para construir una vida que nos hiciera felices; sino que nos unió para ser compañeros en el propósito
que Él predestinó. Nuestras propias fuerzas no nos habrían
preparado para las tareas del reino. Nos habrían incapacitado.

Nuestro quebrantamiento ha sido de hecho nuestra formación…la fortaleza de Dios en nosotros.

El sufrimiento es parte de la vida. Y sin lugar a dudas ha sido parte de diferentes períodos en mi matrimonio. Y aunque cada una de las heridas parecía dejar expuesta la debilidad en nuestra relación, realmente producía una fuerza que no podríamos haber obtenido de otro modo.

Y para todas aquellas cuyos matrimonios no permanecieron firmes tras el peso de la vida, por favor no se quede pensando que estas verdades solo aplican para las parejas. No permita que la separación que haya experimentado se desperdicie. Dios aún está con usted. Sus promesas todavía siguen en pie. Sumérjase en sus verdades y permita que las mismas se filtren en los lugares de su corazón que han sido afectados con incertidumbre.

Casada o soltera, no deje que aquello que ha quebrantado su corazón destruya su vida.

Aférrese a Jesús y recuerde: este quebrantamiento edificará su vida. Una nueva versión de usted. Una más fuerte. Fortalecida no con el orgullo de la perfección, sino con la dulce gracia de alguien que tiene una comunión íntima con su Señor.

El Señor está cerca de los quebrantados de corazón,
    y salva a los de espíritu abatido.

—Salmo 34:18

Si utiliza el idioma original para este versículo, podría leerlo así: *El Señor se acerca a quien tiene el corazón destrozado y la libra de la tristeza expuesta a la victoria.*

Él la acerca a pesar de la fuerte evidencia de su corazón afligido. La ira. La profunda decepción y desilusión. Las preguntas de por qué a ti y por qué ahora. Las comparaciones que la hacen sentir como si Dios amara a otros más que a usted. ¿Cómo pudo permitir que esto suceda? Los insultos y los puñetazos sobre el volante. La vergüenza y la angustia. Todas estas reacciones son fragmentos de su quebranto.

Dios no tiene temor de sus bordes filosos que pueden parecer bastante peligrosos para otros. Él no retrocede, sino que la acerca hacia Él. Su amor y su gracia cubren su aflicción expuesta. Y paso a paso la guían a un nuevo lugar de victoria. Un lugar agradable en el cual su alma se siente tan contenta de estar, aunque nunca habría escogido el camino difícil.

De regreso a Ashley en el restaurante, y su experiencia con el rechazo en su antigua escuela. Recuerde: aquello que nos consume, nos controla. Al ayudarla a procesar sus temores a través del filtro de la verdad, respondió con valor creyendo que sin importar lo que pudiera suceder —bueno o malo— confiaría en Dios.

Y, por favor, sepa que no le prediqué un sermón. Solo fueron necesarios algunos recordatorios de la verdad para que viera con mayor claridad. Las mentiras huyen en presencia de la verdad.

Finalmente, abrió el correo electrónico el cual revelaba sus calificaciones. No solo aprobó; sino que además estaba en la lista de honor.

Me sentía tan agradecida de que sus lágrimas fueran lágrimas de gozo. Pero también soy consciente de que en el futuro, las cosas podrían ser diferentes. Los rechazos grandes o pequeños parecen fluctuar en la vida. Los males probablemente nos encontrarán. Pero el Señor no solo nos libra de *algunos* de nuestros males. El Salmo 34:19–20 nos dice que ¡Él nos libra de *todos* ellos!

El hombre honrado pasa por muchos males,
    pero el Señor lo libra de todos ellos.
Él le protege todos los huesos;
    ni uno solo le romperán.

Y ante esta verdad respondo con un gran y fuerte ¡AMÉN!

Dios no tiene *temor*

de sus bordes *filosos*

que pueden parecer

bastante *peligrosos* para otros.

Él no retrocede.

La *acerca* hacia Él.

Capítulo 12

El plan del enemigo
en contra suyo

No soy fanática de los leones. En absoluto. Porque no son quisquillosos con sus elecciones de alimentos. Ya sea una gacela que se separó de su manada o un turista lo suficientemente demente como para dormir en una tienda donde merodean los leones, estos pensarán que se ven increíbles. Y realmente no hay ninguna diferencia para ellos si está cubierto de pelo animal o si lleva puesta una camiseta de Gap. La atacarán si están hambrientos.

Estas criaturas tienen entretejido en su ADN un instinto animal que es prácticamente imposible de ignorar. Puede intentar amaestrarlos. Puede tratar de domesticarlos. Y por algún tiempo quizá sea capaz de abrazarlos como a una mascota. Pero corriendo por debajo de su apariencia domada se encuentra el instinto de una bestia salvaje.

Una bestia con la que jamás imaginé que me encontraría cara a cara.

Pero me equivoqué.

Cuando mi familia y yo decidimos que queríamos regresar al continente donde mis dos hijos habían nacido y trabajar en la obra misionera, una flecha de temor se clavó en mi corazón. Pero entonces me regañé a mí misma por ser tan estereotipada.

Las mujeres blancas de los Estados Unidos piensan en África y de inmediato ven chozas y leones. Qué vergüenza.

Dejé mis temores de lado mientras empacaba una cantidad ridícula de ropa y de productos para el cabello, para dirigirnos al campo misionero. Nos íbamos a salvar al mundo. O por lo menos a alimentar a algunos niños hermosos en un orfanato escondido en la base del monte Kilimanjaro en Tanzania.

Amamos y aprendimos y nos marchamos con un nudo de emociones en la garganta. Y cumplimos la promesa a nuestra familia de que haríamos un safari africano nuestras dos últimas noches en aquel lugar. Nos detuvimos en nuestro alojamiento, y tragué con dificultad. En parte porque el polvo del viaje cubrió cada milímetro de mi cuerpo y recubrió mi garganta con la sensación desagradable de haber estado comiendo arena.

Pero también porque vi tiendas.

De verdad. Tiendas de tela con forma triangular, con cierre de cremallera para la entrada principal.

En un espíritu de total sinceridad, permítame agregar que estas estaban colocadas en plataformas de madera, y cada una contaba con una cama y un orinal. Esto era algo positivo considerando que había un gran letrero que recomendaba enfáticamente jamás abandonar la tienda después del anochecer; por ningún motivo. Un orinal en el interior era un completo acierto para mi vejiga de cuarenta años que se comporta como un recién nacido al negarse dormir toda la noche. Esta es una situación que comparto con usted porque a estas alturas del libro, la considero totalmente una amiga, y las amigas se cuentan estas cosas.

Pero de regreso a ese letrero. Acerca de nunca abandonar su tienda después del anochecer. Jamás. Había otro pequeño detalle que debería saber: la instrucción de no tener comida en la tienda. Estamos hablando de ni siquiera una galleta ni los diez M&Ms pequeños que quedan en el fondo de su bolso en caso de tener un día realmente desesperante.

Rápidamente discerní que la razón por la que estaban en contra de que tuviéramos refrigerios no tenía que ver con alguna clase de esfuerzo por ayudarnos a controlar nuestro peso. Sino porque los leones olfatearían la comida y vendrían tras ella.

Le puedo parecer chiflada, pero de pronto ya no estaba de ánimo para estar en una tienda en África con leones locos de hambre merodeando.

Mi familia, por otra parte, encuentra estas situaciones emocionantes. Ellos saltan de canteras de rocas, nadan con tiburones y desearían poder ser cazadores de tornados. Yo prefiero sentarme en un lugar tranquilo, leer libros y comer los M&Ms de emergencia por la emoción.

Decir que me preocupaba el anochecer es un eufemismo.

Art anunció que se iba a la cama y, así como así, cayó en un sueño placentero. Mientras tanto, yo estaba aferrada hasta la muerte a las sábanas y podía escuchar mi corazón latir contra el colchón apelmazado. Quería tomar una píldora para dormir, pero cuando encontré el envoltorio vacío, confirmó un hecho terrible. Art ya la había tomado. Esto significaba que era la única lo suficientemente sobria para ahuyentar a los leones si se aventuraran en el campamento, aunque armada con nada más que puro terror y ansiedad absoluta.

Los guías nos habían asegurado de que los leones no vendrían.

Nos mintieron.

Justo cuando estaba al borde del sueño, una criatura rozó mi tienda y —ni lo imagina— ¡rugió!

Piense en el sonido que el monstruo imaginario de su niñez indudablemente haría si saltara a atraparla. Ahora multiplíquelo por diez, al estilo de los animales africanos.

Y entonces el león gimió y gruñó mientras rozaba nuevamente la tienda, esta vez a centímetros de mi cabeza.

Art, el que está siempre calmado para solucionar situaciones como estas, había quedado inservible por su píldora para dormir. Estaba tan enfurecida de que el letrero no instruyera a todos los esposos a abstenerse de tomar somníferos.

Mantuve mi cuerpo perfectamente inmóvil, apenas permitiendo que el aire entre y salga de mis pulmones. Pero mi mente se negaba a cooperar. Disparaba una escena imaginaria tras otra de todos los peores escenarios y desenlaces terribles que podrían resultar de esta situación más bien desafortunada.

Si bien nunca salí de la tienda ni toqué a una bestia semejante, sufrí un ataque brutal en mi mente. Luché con ese león. Y perdí. Porque dejé que se llevara lo mejor de mis pensamientos.

No escribo sobre este escenario con el propósito de que esté mejor preparada en caso de que alguna vez vaya de safari y se quede en una tienda. No tiene que irse hasta África para ser atacada por un león.

Hay un león rugiente a la espera de cada pensamiento que tenga. Y no se equivoque: no está domado. Es un enemigo derrotado que ya ha sufrido un golpe fatal. Pero antes de caer, tratará de llevarse unas últimas víctimas. Con todo lo que le queda, viene por su mente.

Este león herido es el más feroz de todos. "Su enemigo el diablo ronda como león rugiente, buscando a quién devorar" (1 Pedro 5:8).

No solo está buscando distraerla o tentarla o apenas desviarla del camino. Está buscando *devorarla*. Pero debemos recordar algo fundamental. El diablo podrá ser feroz, pero no es victorioso. Y usted, mi amiga, tiene todo lo necesario para derrotarlo. No tiene que quedarse en su cama temblando de miedo aferrada a las sábanas, sintiéndose indefensa y terriblemente asustada.

El diablo es poderoso, pero también es predecible. 1 Juan 2:16 nos habla acerca de las tres maneras en que viene por nosotras. "Porque nada de lo que hay en el mundo —los malos deseos del cuerpo, la codicia de los ojos y la arrogancia de la vida— proviene del Padre, sino del mundo".

Hoy viene por mí al hacerme querer saciar mis necesidades fuera de la voluntad de Dios. Él ofrecerá escenarios enfrente de mí que evocarán sentimientos que me tientan a desear, codiciar y presumir.

El diablo

podrá ser *feroz*,

pero no es

victorioso.

- **Deseos**. Me siento vacía.

  Cuando me siento sola o inferior, pienso que puedo llenar mis vacíos con placeres físicos temporales. Las cosas que consumo pronto consumirán mis pensamientos. Aquello que comenzó como algo inofensivo más tarde no podrá obtener lo suficiente.

- **Codicia**. Me siento despojada.

  Cuando mis ojos ven las cosas brillantes, atractivas e impecables que otras tienen, puedo enfocarme fuertemente en que necesito algo para que mi vida sea más resplandeciente. Las justificaciones salen fáciles. La racionalización entumece mi consciencia. Ya sea una posesión, una persona o una posición, soy atraída por la noción tóxica de que puedo escabullirme de la voluntad de Dios para obtener lo que quiero y no es gran cosa.

- **Arrogancia**. Me siento rechazada.

  ¿Alguna vez he publicado algo en las redes sociales para tratar de sentirme mejor o más aceptada? Los me gusta y los comentarios repelen los aguijones del rechazo, pero ¿a qué precio? ¿Acaso no es solo una forma de arrogancia enmascarada cuando escojo la fotografía que hace que mi vida parezca un poco más refinada de lo que realmente es?

El diablo quiere que llene mis vacíos con una dependencia dañina de la aceptación de los demás. Porque entonces puede volverme una persona tan enfocada en las opiniones superficiales de otros y distraerme completamente de profundizar mi relación con Cristo. Y en el proceso ¿está mi arrogancia enmascarada también llevando a otros hacia las trampas de la comparación que también los aleja de Cristo? Todo es un círculo perjudicial que nunca será sustancioso. Y, nuevamente, no estoy en contra de las redes sociales, pero sí tenemos que ser cuidadosas de cómo las usamos. ¿Bendecimos a otras con palabras de aliento y amor o simplemente nos jactamos de nosotras mismas y alimentamos las comparaciones perjudiciales de las demás hacia nosotras? Una mirada rápida en las redes sociales, y verán cuán cuidadosas debemos ser para no caer en las maquinaciones del diablo.

Según un estudio realizado en el 2015 que conduje en asociación con el Grupo Barna, las mujeres de dieciocho años en adelante en los Estados Unidos acuden a las redes sociales buscando conectarse y sentirse mejor sobre sí mismas; sin embargo, solo el catorce por ciento sale sintiéndose animada. Este es un impresionante ochenta y seis por ciento de mujeres que transitan su día sintiéndose más vacías y más desposeídas que antes.

Casi la mitad de las mujeres reportaron sentirse solas al menos ocasionalmente después de haber pasado tiempo en las redes sociales. Sesenta y dos por ciento de la Generación Y dicen que se sienten solos al menos en ocasiones, y uno de cada diez afirma que *por lo general* se siente solo.[1]

Resulta también interesante que seis de cada diez mujeres dicen que sienten que les gustaría cambiar algo de sus vidas al menos ocasionalmente después de haber mirado las redes sociales. Más del setenta y ocho por ciento de la Generación Y se siente del mismo modo al menos en ocasiones, con un veintiuno por ciento afirma que *por lo general* también se siente igual.

Entiendo que es difícil ponerle un rostro a una estadística. Así que decidí preguntarles a mis amigas de Facebook cómo describirían sus experiencias con las redes sociales, para ver si sus respuestas se alineaban con la investigación.

Y así fue.

Donna N. dijo: "Estoy conectada con tantas personas y, sin embargo, me siento sola. ¿No hay nadie allí afuera que también tenga un mal día? La vida de algún modo se siente menos honesta".

Kelly S. expresó: "No puedo evitar compararme con las vidas de las demás y sentirme que no estoy a la altura. La gente solo publica las cosas positivas, así que resulta fácil sentir que no tienen sus propios problemas".

Shelbie B. manifestó: "Me siento sola y excluida. No está bien cuando veo que las mujeres de mi iglesia publican fotos de sí mismas pasando un buen tiempo juntas y no me han invitado. Me siento sola todo el tiempo cuando trato de hacer amigas, pero todas parecen tan desconectadas. Si solo pudiera tener una amiga cercana, significaría tanto para mí".

El corazón me duele cuando leo estas confesiones brutalmente honestas.

De nuevo, no estoy en contra de que las redes sociales se usen de maneras saludables. Pero ciertamente necesitamos ser honestas con nosotras mismas. ¿Nos ayudan a combatir al león, o de hecho lo están alimentando?

Y cuando digo que el diablo es predecible, totalmente lo es. Estas son las mismas tres maneras en que tentó a Jesús en Mateo 4:1–11.

Después de que Jesús había ayunado por cuarenta días, el diablo colocó piedras delante de Él, sabiendo que fácilmente podría convertirlas en pan. El pan que podría saciar su vacío.

Jesús sabía cómo se sentía el vacío.

El diablo también le mostró las riquezas del mundo y su esplendor. Jesús provenía de un pasado estable y con escaso progreso, solo las pertenencias fundamentales. Tras haber vivido en perfección con los recuerdos del cielo, se encontraba con que cada una de sus realidades terrenales no estaban a la altura.

Jesús sabía cómo era sentirse despojado.

El diablo también le recordó a Jesús de una fuente de poder sin explotar que ciertamente silenciaría a los escépticos y corregiría a los críticos. Aquellos que lo rechazaron y lo avergonzaron se inclinarían delante de Él. ¿Puede imaginarse el control que seguramente requirió para no arrojarse y, en un movimiento de majestad angelical, ser elevado y adorado por los seres celestiales?

Jesús sabía cómo se sentía ser rechazado.

Jesús sabía. Conocía los sentimientos. Conocía las luchas. Y en un momento estremecedor, expuso la vía de escape para nosotras. Él correspondió cada sentimiento —el vacío, el despojo y el rechazo— con las verdades provenientes de la Palabra de Dios.

Las mentiras huyen en presencia de la verdad.

Las mentiras huyen en presencia de la verdad.

Y el diablo queda indefenso cuando nuestras mentes se vuelven al Dios todopoderoso.

Y esto es lo que me resulta fascinante. Jesús tenía acceso a miles de escrituras del Antiguo Testamento. Las conocía. Pudo haber usado cualquiera de ellas. Sin embargo, escogió tres específicas. He decidido que quiero que estas tres estén siempre en mi mente.

Quiero una promesa para cuando me sienta vacía

No solo de pan vive el hombre, sino de todo lo que sale de la boca del Señor (Deuteronomio 8:3).

Mi alma fue diseñada a mano para ser satisfecha en sus profundidades por la Palabra de Dios. Cuando ando sin el alimento de la verdad, voy a desear llenar mi hambre espiritual con placeres físicos temporales, creyendo que de algún modo estos aliviarán la soledad. Estos placeres físicos no pueden llenarme, pero pueden adormecerme. Las almas adormecidas son almas que nunca crecen. Un día se despiertan sintiéndose muy distantes de Dios y preguntándose cómo hicieron para llegar allí.

Dado que el objetivo de Satanás es separarnos del Señor, allí es exactamente donde quiere que nos quedemos. Pero en cuanto nos volvemos a su Palabra, la brecha entre nosotras y Dios se acorta. Él siempre está cerca. Su Palabra es poderosa para alcanzar las profundidades de nuestro ser que desesperan por su verdad.

Quiero una promesa para cuando me sienta despojada

"Teme al Señor tu Dios, sírvele solamente a él, y jura solo en su nombre" (Deuteronomio 6:13). Otra versión de este versículo dice: "Adoren al Señor su Dios y sírvanle sólo a él" (DHH).

Cuando adoramos a Dios, lo reverenciamos por sobre todo lo demás. Una gran pregunta para hacerse es: *¿Está mi atención puesta en algo sagrado o en algo secreto?* Aquello que más atrae mi atención es lo que realmente adoro.

La adoración sagrada se trata de Dios.

¿Está mi atención puesta en algo sagrado o en algo secreto?

La adoración secreta tiene que ver con las cosas de este mundo que parecen muy atractivas por fuera, pero que la devorarán por dentro.

La pornografía, el sexo fuera del matrimonio, cambiar su carácter para abrirse camino a una posición de poder, alimentar su sentido de valor con los logros de sus hijos y gastar fuera de su alcance para constantemente vestir su vida con lo más novedoso —todas cosas que hacemos para contrarrestar los sentimientos de sentirse ignorada y sin invitación a las cosas buenas que Dios les ha dado a otros— son algunas de las maneras en que la codicia se escabulle y causa estragos. Dos palabras que caracterizan la adoración inapropiada o la codicia son *exceso secreto*.

Dios dice que si dirigimos nuestra adoración hacia Él, nos fortalecerá para volvernos de nuestros errores del ayer y será nuestra porción para nuestras necesidades presentes.

¿A quién tengo en el cielo sino a ti?
  Si estoy contigo, ya nada quiero en la tierra.
Podrán desfallecer mi cuerpo y mi espíritu,
  pero Dios fortalece mi corazón;
él es mi herencia eterna.

—SALMO 73:25–26

Y definitivamente quiero una promesa para cuando me sienta rechazada

No pongas a prueba al SEÑOR tu Dios.

—DEUTERONOMIO 6:16

A simple vista, no comprendía por qué Jesús escogió Deuteronomio 6:16 para combatir el rechazo. Y casi me hace dudar de que esta tercera parte tenga algo que ver con el mismo. Pero cuando lo inserté en el contexto de los otros versículos, mi corazón se conmovió de manera maravillosa. Los versículos 13–15 nos recuerdan: "Teme al SEÑOR tu Dios, sírvele solamente a él, y jura solo en su nombre. No sigas a esos dioses de los pueblos que te rodean, pues el SEÑOR tu Dios está contigo y es un Dios celoso".

Él es un Dios celoso de usted. Es un Dios celoso de mí. La plenitud de su amor y su generosa aceptación constituyen la única combinación para los rechazos que experimentaremos. Y de ninguna manera Él desea que hagamos de otras relaciones dioses ajenos de nuestra adoración. Al buscar su amor y aceptación, Dios no quiere que lo probemos; sino que confiemos en Él.

Cuando Él dice que somos santas y amadas, debemos confiar en que es verdad.

Estudiar estas tres promesas proclamadas por Jesús ha capturado mi corazón. Cuando recuerdo las promesas de Dios, me conecto con el poder de Dios. Sus promesas son siempre una combinación perfecta para nuestros problemas. Y el instigador de nuestros problemas, el diablo —el león— no es rival para las promesas de Dios.

Las promesas no doman al león; lo regresan al infierno. Le cierran la boca. Tornan su rugido en un quejido. Y lo hacen correr temeroso cuando la chica de la camiseta de Gap con su Biblia bajo el brazo y las escrituras memorizadas va por él. Ella es terriblemente valiente y muy hermosa.

Esa es usted.

Esa soy yo.

Solo tenemos que recordar que en donde pongamos nuestra atención importa más de lo que nos damos cuenta. Nuestras mentes y corazones son como esponjas secas. Aquellas cosas en las que nos enfoquemos nos absorberán y nos saturarán. Si es algo necio, tomaremos decisiones necias. Si es sabio, entonces tomaremos decisiones sabias.

Satanás lo sabe. Por lo tanto, constantemente pone cosas enfrente de nosotras para atraer nuestra atención. Recuerde: al igual que un león es atraído por una fuente de alimento, Satanás se precipita cuando huele el vacío, el despojo y el rechazo.

Si prestamos atención a cosas necias o a aquello que alimente la necedad en nuestras visas, arruinaremos nuestra perspectiva. Y muy probablemente seamos víctimas de las maquinaciones de Satanás. Los planes de Satanás son estrategias bien pensadas, dirigidas específicamente a nuestras debilidades en particular para lograr tres cosas:

- Incrementar nuestro deseo por aquello que contradice la voluntad de Dios.
- Hacernos creer que rendirse ante una debilidad no es trascendental.
- Minimizar nuestra capacidad de pensar en las consecuencias de caer en determinada tentación.

¿Puedo tomar su mano derecha ahora mismo y mirarla a los ojos? Usted es más susceptible a los planes de Satanás cuando se siente rechazada. El dolor emocional gritará por alivio, y es tan fácil comenzar a justificar los pensamientos y las acciones fuera de la voluntad de Dios.

Por eso es fundamental observar aquello que me está influenciando y alimentando mis pensamientos. Una buena pregunta para hacerme es ¿en dónde estoy depositando mi atención?

¿Concretamente, en qué cosas pongo mi atención a primera hora de la mañana? ¿Y en qué presto atención antes de irme a dormir? Si quiero que Dios sea el centro de mi vida, debo pensar primeramente en Él. Y si quiero que mi mente esté en paz cuando duermo, debo fijar mis pensamientos en sus promesas por la noche...ya sea que me encuentre en una tienda en la planicie africana o no.

Obviamente, no hay leones que merodeen por mi casa, pero no quisiera olvidar aquella noche en la tienda cuando experimenté la realidad del asecho, el rugido y el peligro. Estaba asustada. Pero el poder que tenía el león sobre mí se detuvo cuando aparecieron los guardias con dardos tranquilizantes. Bastó un disparo para que el león cayera.

La verdad es el tranquilizante perfecto. El poder del enemigo queda impotente en presencia de las promesas de Dios.

Recuérdelo. Recíbalo. Úselo. Practíquelo. Vívalo.

Capítulo 13

Milagros en medio del caos

Deslicé mi mano por la gran roca y cerré mis ojos. Qué momento increíble fue para mí estar parada en donde Jesús estuvo una vez. Abrí mi Biblia y permití que la realidad de todo aquello que Él enfrentó cuando estuvo en este mismo sitio descendiera de manera fresca sobre mí.

Quería leer las escrituras que conducían al momento cuando Él se sentó en el Monte Arbel y oró y vio a los discípulos justo antes de caminar sobre el agua. Procuré notar las oraciones inusuales. Muchas veces destaco los versículos que cuentan sobre los milagros de Jesús, pero paso por alto aquellos que hablan sobre las realidades humanas.

En Marcos 5, por ejemplo, vemos a Jesús interactuar con una mujer desesperada por ser sanada de hemorragias. Él la libra de su sufrimiento y le da paz. También vemos que sana a la hija pequeña de uno de los jefes de la sinagoga.

¡Milagros!

Pero entonces, en el versículo 40: "Empezaron a burlarse de él".

En Marcos 6, encontramos que Jesús envía a los doce discípulos y mientras predicaban "también expulsaban a muchos demonios y sanaban a muchos enfermos, ungiéndolos con aceite" (v. 13).

¡Mílagros!

Sin embargo, también encontramos el versículo 3: "Y se escandalizaban a causa de él".

Lo vemos tener gran compasión por sus seguidores cuando alimenta a los cinco mil. Todos comieron hasta quedar satisfechos con cinco panes y dos pescados.

¡Milagros!

Pero también vemos que Jesús y sus discípulos estaban agotados físicamente "como no tenían tiempo ni para comer, pues era tanta la gente que iba y venía" (v. 31).

Eran realidades desordenadas en medio de los milagros.

¿Y acaso no nos sucede también a nosotras que pasamos por alto la vida cotidiana de Jesús? Nos enfocamos demasiado en las líneas de las escrituras que relatan los milagros y nos perdemos de los pormenores.

La gente se burlaba de Jesús. La gente rechazaba a Jesús. La gente malinterpretaba a Jesús. En teoría lo sabemos, pero al sentarme en esa roca aquel día, de pronto me di cuenta qué realidad diaria era esta para Él. Y a raíz de que Él vivía esa realidad, es la persona ideal a quien acudir cuando el rechazo se vuelve una realidad para nosotras.

Él nos entiende. Nos enseña desde ese lugar sensible de haber vivido en persona ese dolor. Y, mejor aún, eligió ejecutar sus milagros en medio de estas realidades alborotadas. Recuerde esto. No se deje consumir ni se enfoque demasiado en los desórdenes —los sentimientos de rechazo, las heridas y las decepciones— que se pierda de los milagros.

Esto es exactamente lo que les sucedió a los discípulos justo después de alimentar a los cinco mil. Se subieron a una barca y pronto se encontraron en las aguas embravecidas, siendo sacudidos por fuertes vientos. Hacían grandes esfuerzos para remar pues las realidades de la vida golpeaban en su contra.

Esta tormenta fue un caos aterrador para ellos. Las olas no menguaban, se elevaban y rompían como probablemente haya visto si alguna vez estuvo en aguas turbulentas. Estas olas borboteaban y estallaban alrededor de ellos de maneras impredecibles. Piense en cómo se ve cuando coloca una pajilla en un vaso con agua y sopla con gran fuerza. No podían sujetarse. Estaban completamente indefensos.

Jesús estaba en la montaña orando. Y desde allí podía ver el medio del lago. Marcos 6:47–48 dice: "Al anochecer, la barca se hallaba en medio del lago, y Jesús estaba en tierra solo. En la madrugada, vio que los discípulos hacían grandes esfuerzos para remar, pues tenían el viento en contra".

Jesús los vio. Bajó a buscarlos. Y ellos se perdieron del milagro en medio de su caos. El mismo hacedor de milagros a quien habían visto multiplicar los panes y los pescados estaba ahora caminando sobre las aguas cerca de ellos. Y creyeron que era un fantasma:

> Los discípulos, al verlo caminar sobre el agua, creyeron que era un fantasma y se pusieron a gritar, llenos de miedo por lo que veían. Pero él habló en seguida con ellos y les dijo: "¡Cálmense! Soy yo. No tengan miedo".
> Subió entonces a la barca con ellos, y el viento se calmó. Estaban sumamente asombrados, porque tenían la mente embotada y no habían comprendido lo de los panes (vv. 49–52).

La palabra *embotada*, en este contexto, significa "indiferente, completamente carente de sensibilidad o de percepción espiritual".

¿Cómo puede ser? ¿Cómo podría ser posible que las mentes de los discípulos carezcan de sensibilidad y de percepción espiritual? ¡Habían estado con Jesús! La plenitud de Dios había respirado en ellos, caminado con ellos, servido junto a ellos y obrado milagros en medio de ellos.

Puedo explicarle cómo. Habían presenciado las expresiones de Dios, pero no habían convertido esas expresiones en experiencias personales. La traducción del versículo 52 de la RVR1960 nos indica esto: "Porque aún no habían entendido lo de los panes, por cuanto estaban endurecidos sus corazones".

El término griego para *entender* aquí es *syníemi*, que significa agrupar los hechos para llegar a un completo entendimiento con aplicaciones para la vida. Los discípulos no habían hecho eso con el milagro de los panes y los pescados.

En otras palabras, habían visto mucho. Habían oído mucho. Pero no habían aplicado en sus vidas aquello que habían visto y oído. Sus corazones no eran sensibles a la realidad de Jesús. Sus corazones estaban endurecidos. El acceso sin aplicación no es igual a transformación.

¿Cómo esto se relaciona con nosotras?

Podemos asistir a estudios bíblicos y decir amén a cada tema, pero si no lo aplicamos a nuestras vidas, no seremos transformadas. Y me animo a ir un paso más allá y decir que si hemos sido expuestas a una enseñanza que sabemos que necesitamos implementar y no hacemos ningún cambio, es un indicio de que el endurecimiento de esa parte de nuestro corazón está en proceso.

La inspiración y la información sin una aplicación personal nunca producirán una transformación.

Una canción de *rock* puede inspirarnos. Las noticias pueden informarnos. Pero solo si aplicamos la verdad de Dios en nuestras vidas seremos transformadas conforme a su buena voluntad para nosotras.

Romanos 12:2 nos recuerda que debemos ser "transformadas" mediante la renovación de nuestras mentes. Ese es el cambio en nuestra manera de pensar del cual hemos estado hablando, que obra desde la plenitud y del vivir amadas a pesar de cualesquiera que sean las circunstancias que puedan rodearnos.

Los discípulos ciertamente fueron inspirados por los milagros de Jesús. Y sin lugar a dudas fueron informados por sus enseñanzas. Pero al no haber aplicado en sus vidas aquello que aprendieron, no fueron transformados.

Solo cuando buscamos aplicar sus revelaciones a nuestras situaciones, seremos transformadas. La transformación nos ayuda a ver a Jesús con mayor claridad. Y cuando le vemos más claramente, podremos ver de igual manera el milagro en nuestro caos, lo positivo en nuestra dificultad y la redención en el rechazo.

Cuán trágico fue que Jesús milagrosamente caminara sobre el agua para salvar a sus discípulos en medio del caos de la tormenta, y ellos no le reconocieran.

Estaban cercanos a Él, pero ajenos a su presencia. Podían oírlo, pero no podían comprender sus promesas. Y de seguro lo necesitaban, pero no se aferraron a su provisión.

Y tuvieron miedo.

Quisiera que pueda comprender esto. Cuando endurecemos nuestros corazones o rechazamos el toque y transformación de su verdad en determinado aspecto de nuestras vidas, habrá confusión. Al igual que los discípulos cuando vieron a Jesús caminar hacia ellos y pensaron que era un fantasma.

¿Qué hicieron en medio de esta confusión? Gritaron con temor en lugar de convocar al Señor en fe. Se turbaron. ¿Por qué? Veamos qué significa *turbarse* en el contexto de estas escrituras. El término original *tarasso*, quiere decir "poner en movimiento aquello que debe permanecer quieto".

¿Podríamos todas sentarnos y meditar en esta pequeña perla por medio minuto... o en realidad para siempre?

El milagro en medio de su caos caminaba hacia ellos. Aquel que podía hablarle a las aguas. Calmar las olas. Acallar la tormenta. Aquel que los amaba y entregaría su propia vida para salvarlos. Aquel que tenía gran compasión y una profunda devoción para protegerlos.

Pero no se dieron cuenta de que era Jesús... así que pusieron en movimiento aquello que debía permanecer quieto. Estaban turbados. Ansiosos. Desesperados. Todas esas emociones se pusieron en movimiento.

¿Sabe cuánto drama y sufrimiento habría evitado en mi vida si no hubiera puesto en movimiento aquello que debería haber permanecido quieto? Cada vez que esto ha sucedido en mi vida, puedo trazar una línea hacia las decisiones que tomé con un corazón endurecido. Los discípulos tendrían sus propios asuntos que endurecieron sus corazones, ¿pero qué es lo que a menudo me conduce a esta condición? Cambiar la verdad de Dios por las verdades de este mundo.

Resistir las promesas de Dios nos hará olvidar la presencia de Dios.

Resistir las promesas de Dios nos hará
olvidar la presencia de Dios.

¿Cómo se relaciona esto con mis luchas contra el rechazo? La presencia de Dios en nuestras vidas nos llena con su aceptación y su amor. El corazón del hombre no puede ir muy lejos sin alguno de ellos.

Pero si existe algún área en mi vida donde me aparto de la dirección de su verdad —quizá algún lugar en donde me han herido con el rechazo y comencé a creer mentiras acerca de Dios y de quién soy en Él— me privo de la protección de su verdad. Y la búsqueda de amor y aceptación fuera de la presencia de Dios conduce a lugares peligrosos. El plan de este mundo siempre nos conduce a lugares de sufrimiento, soledad y un profundo dolor por pertenecer que parece siempre fuera de alcance.

Debido a que la necesidad de ser amadas y aceptadas está tan arraigada en nuestro ser, nos encontramos haciendo cosas que jamás creíamos posibles, solo para tratar de satisfacer esos deseos. Aquello que comienza como una transigencia aparentemente insignificante, puede fácilmente convertirse en una completa contradicción de la persona que anhelamos ser. Agitamos emociones que nunca pretendimos, todo porque nos perdimos del milagro de su presencia y sus promesas en medio de nuestro desorden.

Una de las cosas más dolorosas que he puesto en movimiento a comienzo de mis veinte fue justificar la decisión de dejar que mi novio pasara a veces la noche en mi apartamento. Si bien no estaba viviendo para el Señor, sabía que no era lo correcto. Había asistido a suficientes reuniones de jóvenes

La *inspiración*
y la *información*
sin una *aplicación*
personal
nunca producirán una
transformación.

como para ser expuesta a la verdad sobre por qué esta no era una decisión sabia.

Pero en lugar de practicar la verdad, justificaba mis deseos.

He conocido a muchas chicas quienes podrían contar la misma historia. Algunas de nosotras justificábamos nuestro comportamiento porque no queríamos estar solas. No queríamos dejar ir el sentimiento agradable de que "él realmente quiere estar conmigo". *Finalmente, no me siento rechazada. Quiero todo lo que más pueda de esta aceptación.* O quizá quedarse a dormir era lo que él quería y decirle que no podía ponerme en riesgo de su rechazo. Cualquiera que sea el caso, dejamos de lado aquello que sabíamos era lo mejor por lo que se sentía mejor en ese momento de vulnerabilidad.

En lo personal, comenzó de a poco. Él dormía en el sofá y yo en mi cama. Pero esta transigencia en apariencia insignificante puso en movimiento aquello que debía haber permanecido quieto dado que no estábamos casados. La misma abrió la puerta a más transigencias y, por lo tanto, más justificaciones. Más justificaciones generaron más transigencias, y todo se salió de control.

Entonces llegó el día cuando entré al baño, temblando tanto que apenas podía funcionar. Saqué el pequeño dispositivo de la caja y me hice la prueba. Estaba embarazada. Mi mundo comenzó a girar en una nube de desesperación. Durante varias semanas anduve por la vida sintiéndome como una sombra. Oscura. Vacía. Aplastada.

Lentamente mi vida se derrumbaba bajo el peso de mis decisiones. Sufría de constantes ataques de pánico en los cuales me tomaba de la garganta porque me faltaba el aire. Quería escapar, pero no había ningún lugar en donde la realidad no pudiera hallarme.

El pecado tiene un apetito terrible. Busca que se pongan en movimiento más y más pecados. La única respuesta que podía descifrar era un aborto. Todo comenzó de a poco. Pero aquello que comenzó a agitarse creció a un nivel devastador.

Tenía la verdad. Pero no la había aplicado. Por lo tanto, mi mente hizo lo que mis sentimientos quisieron. En ese momento mi mente decidió conforme con lo que parecía aceptable al mundo. No fue una decisión tomada con una mente transformada por la verdad.

Según Romanos 12:2, la única manera de conocer cuál es la voluntad de Dios es no amoldarnos al mundo actual, sino ser transformadas por medio de la renovación de nuestra mente. Entonces podremos discernir la voluntad de Dios. Dicha renovación no se trata de una breve inspiración espiritual que proviene de rozarnos con la verdad. Significa *anakainosis*, lo cual es un cambio de corazón y de vida. Un corazón ablandado por la verdad de Dios. Y una vida transformada por la verdad de Dios puesta en práctica.

Permítame traspasar esta página y tomarla de la mano ahora mismo. Sentir la ternura en mi toque y la sinceridad en lo que estoy por decir.

Recuerde la respuesta de Jesús a los discípulos que no le reconocieron, quienes gritaron en temor, no en fe y, en su turbación, pusieron en movimiento toda clase de ansiedad innecesaria. La Escritura dice que *de inmediato* (me encanta que fue inmediato). Él les habló y dijo: "No tengan miedo". El término que aquí se utiliza significa "no me resistan". Y subió a la barca con ellos.

Él nos dice lo mismo a usted y a mí. Y Él no huye de su caos. Él sube a su barca para estar allí con usted.

Las cosas pasadas ya no pueden cambiarse, pero pueden perdonarse. Ese es su milagro en medio el caos.

Las voces de la condenación, vergüenza y rechazo pueden hacerse oír, pero no tienen que morar en usted. Ese es su milagro en medio del caos.

---

*Las voces de la condenación, vergüenza
y rechazo pueden hacerse oír, pero
no tienen que morar en usted.*

Y las tentaciones que eran tan fuertes de resistir en su carne serán superadas por una mente transformada conforme a la verdad. Ese es su milagro en medio del caos.

En función de lo que hemos analizado, he aquí algunas preguntas para hacernos cuando examinemos la flexibilidad de nuestros corazones en medio de una situación conflictiva.

Información: ¿He tratado de buscar la verdad de Dios con respecto a esta situación?

Aplicación: ¿He puesto en práctica la verdad de Dios sin transigir con esta situación?

Transformación: ¿Reconozco ahora esta verdad como una revelación personal de Dios para aplicarla en futuras situaciones similares?

Imagínese la diferencia que esto podría hacer si no ponemos en movimiento aquello que debe permanecer quieto.

Después de sentarme en la cima del monte Arbel, meditando en todo lo que Jesús escogió hacer a pesar de los rechazos y del caos en el camino, me puse de pie y cerré mis ojos. Quería escribir mi historia de manera diferente a la de los discípulos.

Me imaginé a mí misma en el lago, luchando contra la presión de la vida. Pero no era una mujer amoldada; era una mujer transformada. En medio de las heridas o los sufrimientos que perturban mi paz, lo vi acercarse. Y ya no grité en temor; en cambio, lo llamé por fe. No estaba turbada. Estaba tranquila. Confiada. Preocupada por nada. Porque sabía que Él estaba en control y a mi favor. Subió a mi barca, y los vientos cesaron. Mi corazón estaba a salvo, porque no estaba endurecido.

Leí el Salmo 46:1–10 y medité en todas estas verdades mientras descendía de la montaña. Aunque mi cuerpo avanzaba dejando atrás este lugar agradable, mi alma estaba quieta.

Dios es nuestro refugio y nuestra fuerza;
siempre está dispuesto a ayudar en tiempos de
dificultad.

Por lo tanto, no temeremos cuando vengan terremotos
   y las montañas se derrumben en el mar.
¡Que rujan los océanos y hagan espuma!
   ¡Que tiemblen las montañas mientras suben las aguas!
Un río trae gozo a la ciudad de nuestro Dios,
   el hogar sagrado del Altísimo.
Dios habita en esa ciudad; no puede ser destruida;
   en cuanto despunte el día, Dios la protegerá.
¡Las naciones se encuentran en un caos,
   y sus reinos se desmoronan!
¡La voz de Dios truena,
   y la tierra se derrite!

El Señor de los Ejércitos Celestiales está entre nosotros;
   el Dios de Israel es nuestra fortaleza.

Vengan, vean las obras gloriosas del Señor:
   miren cómo trae destrucción sobre el mundo.
Él hace cesar las guerras en toda la tierra;
   quiebra el arco y rompe la lanza
   y quema con fuego los escudos.
"¡Quédense quietos y sepan que yo soy Dios!
   Toda nación me honrará.
Seré honrado en el mundo entero".

Capítulo 14

Avanzar en medio de la desesperación

Solo se requiere una cucharadita de rechazo para inundar con aflicción un alma llena de vida. Su flujo venenoso tiene una fuerza cortante que traspasa la piel y los huesos. En milésimas de segundos llega al centro de nuestro pecho, impidiendo el paso del oxígeno, y de pronto se instala una urgencia ahuecada por aire. No le damos mucha importancia al aire respiro tras respiro, día tras día, hasta que se nos lo quita.

El amor es semejante al aire en ese sentido. Cuando las relaciones son buenas pareciera haber tanta vida, que apenas recordamos lo valioso que es. Pero en cuanto el amor empaca sus pertenencias y se marcha, todo ese aire parece agotarse de la atmósfera. El pánico desesperante nos envuelve hasta las células de nuestra alma. Y nos encontramos a nosotras mismas ahogándonos en un vacío absoluto.

Y lo más horrible de todo es que usted está consciente durante toda la experiencia. A pesar de que siente que lo mejor de su ser está muriendo, su totalidad colectiva es obligada a seguir adelante. E incluso cuando el tiempo le permita volver a encontrar su aliento de vida, le dejará cicatrices profundamente nudosas. Recuerdos constantes de que el amor es de doble filo:

el potencial más hermoso y el dolor más riesgoso. El hecho de ser sumamente consciente de ambos significa que respirar ya no es el hábito natural que alguna vez fue. La duda se instala. El temor se hace presente.

Cada respiración exige mucho más esfuerzo de lo que antes implicaba.

Ya no estamos paradas en ese lugar del rechazo, pero tampoco estamos del otro lado del mismo. Es la desesperación de estar en el medio. Y es en este preciso lugar en donde debemos tomar una decisión crucial.

Si ponemos nuestra esperanza y nuestro futuro en las manos de nuestro Dios inquebrantable e inmutable, quien nunca nos dejará ni nos abandonará, hallaremos sanidad y libertad. Seremos capaces de vislumbrar algo del otro lado de todo el dolor. Algo bueno. Algo que sabemos que valdrá la pena hacer lo que sea necesario para estar bien. Así que en lugar de escaparnos del dolor, lo abrazamos como necesario. Debemos sentir el dolor para que el mismo pueda sanar. Si nunca nos permitimos sentirlo, no reconoceremos que está allí.

Debemos sentir el dolor para que
el mismo pueda sanar.

Recuerde: el dolor no es el enemigo. El dolor es el indicador de que el quebrantamiento existe. El dolor es el recordatorio de que el verdadero enemigo está tratando de quitarnos del medio y de hundirnos al mantenernos atrapadas en los lugares quebrantados. El dolor es el regalo que nos motiva a luchar con gran tenacidad y determinación firme, sabiendo que hay sanidad del otro lado.

¿Y mientras estamos en medio del proceso? El dolor es la invitación para que Dios intervenga y remplace nuestras fuerzas debilitadas con las suyas. No es mi intención escribir frases espirituales trilladas que suenen bonito; lo escribo desde lo profundo de mi corazón, el cual sabe que es la única manera.

Debemos invitar a Dios en nuestro dolor para que nos ayude a sobrevivir en medio de la desesperación del proceso.

La otra opción es huir del dolor al usar algún método de entumecimiento. También he transitado este camino. Siendo una muchacha en sus veinte con el corazón quebrantado, me involucraba con hombres con quienes sabía que no tenía futuro. Para detener la soledad, me he rodeado de personas y buscado nunca estar sola. También he trabajado una ridícula cantidad de horas, no con el fin de ser más productiva sino para ocultarme detrás de los logros.

Otras personas que conozco han recurrido a las píldoras, al alcohol y al sexo. También he visto a personas usar métodos obsesivos para controlar todo y a todos en sus entornos. Las opciones son muchas, pero los resultados son los mismos. Adormecer el dolor no ataca el origen del problema real con el fin de volvernos más saludables. Solo acalla nuestra necesidad que grita por ayuda.

Creemos que nos estamos librando del dolor cuando, en realidad, aquello que nos adormece nos aprisiona. Si evitamos el dolor, el mismo creará un vacío en nuestro interior. De a poco mata el potencial que tienen nuestros corazones de sentir plenamente, conectarse plenamente y volver a amar plenamente. Si se lo permitimos, el rechazo de una persona puede robarnos el potencial de cualquier otra relación que queramos y necesitemos con desesperación.

Incluso nos roba lo mejor de nuestra relación con Dios. Porque en lugar de Él ser nuestra esperanza, ponemos nuestra esperanza en personas quienes no pueden completamente amar una versión quebrantada de nosotras. Solo Dios puede hacerlo. ¿Pero me permite arrancar la verdad más gloriosa y plantarla justo en medio de su realidad?

Usted no es esa persona que acabo de describir. Aunque se identifique con algunos de esos intentos adormecedores e incluso si participó en ellos hace una hora, no es usted. ¿Cómo lo sé? Usted todavía siente suficiente dolor como para tomar este libro. Y mientras que sienta el dolor, desea recibir la sanidad.

El dolor es

la *invitación*

para que Dios intervenga

y remplace nuestras

fuerzas *debilitadas*

con las suyas.

El dolor es la sensación que indica que una transformación es necesaria. Hay debilidad donde nuevas fuerzas necesitan entrar. Y usted ha escogido perseguir la fuerza duradera en lugar del alivio temporal. Así que no se regañe por sentir dolor. Solo significa que está caminando hacia la victoria al no decidir adormecerse.

Está progresando. No va a quedar estancada. Usted va a ser fortalecida, sanada, y una mejor persona. En el nombre de Jesús, ¡lo creo!

¿Cómo obtenemos esta nueva fuerza? ¿Cómo dejamos de perseguir aquello que nos adormece cuando nuestro ser pide a gritos por alivio? ¿Cómo hacemos para no enviarle un mensaje en las noches de soledad? ¿Cómo hacemos para tomar la decisión de estar sola y estar felices por ello? ¿Cómo detenemos el dolor punzante de este minuto, de esta hora? ¿Cómo hacemos para comportarnos como personas normales cuando nada en absoluto se siente normal?

¿Cómo invitamos a Dios en esta desesperación cuando nos encontramos en medio del proceso?

Invitamos su cercanía.

Para mí, significa orar. Pero a veces cuando mi corazón está adolorido y vacío, mis palabras se sienten bastante chatas en el mejor de los casos, inexistentes en el peor de ellos. Cuando me siento herida, mi corazón se acalla. A fin de evitar que mis oraciones sean forzadas e hipócritas, oro el Salmo 91.

No se llevará el rechazo; pero nos ayudará a atravesarlo y nos dará algo saludable con lo cual llenar nuestra desesperación. No importa cuán vasto sea nuestro pozo, la oración tiene el poder suficiente para llenarnos con el conocimiento de su presencia como ninguna otra cosa.

Anhelo con cada parte de mi ser que usted se anime a susurrar las siguientes diez oraciones simples que he escrito. Llene su espacio vacío con estas dulces verdades para sus heridas. Permita que el consuelo de Dios restaure su entorno. Permita que sus misericordias milagrosas la envuelvan. Deje que sus palabras de vida soplen aliento fresco en esos lugares profundos y sofocantes. Y decida de manera total y profunda inhalar la vida una vez más.

Use estas oraciones de la forma que le sea más útil para su vida. Puede unirlas a todas y decirlas de una sola vez. O, puede usarlas individualmente por los próximos cinco días, orando una a la mañana y otra por la noche.

Mi manera preferida de usar las oraciones de las Escrituras es llevar un diario. Anotar las mismas a medida que las ora. Después puede personalizarlas al añadirles sus propios pensamientos, pedidos personales y las revelaciones que el Señor le muestre. Las revelaciones divinas serán algunos de los momentos más deslumbrantes en todo este camino.

Oremos…

Salmo 91

El que habita al abrigo del Altísimo
se acoge a la sombra del Todopoderoso.
Yo le digo al Señor: "Tú eres mi refugio,
mi fortaleza, el Dios en quien confío".

Solo él puede librarte de las trampas del cazador
y de mortíferas plagas,
pues te cubrirá con sus plumas
y bajo sus alas hallarás refugio.
¡Su verdad será tu escudo y tu baluarte!
No temerás el terror de la noche,
ni la flecha que vuela de día,
ni la peste que acecha en las sombras
ni la plaga que destruye a mediodía.
Podrán caer mil a tu izquierda,
y diez mil a tu derecha,
pero a ti no te afectará.
No tendrás más que abrir bien los ojos,
para ver a los impíos recibir su merecido.

Ya que has puesto al Señor por tu refugio,
   al Altísimo por tu protección,
ningún mal habrá de sobrevenirte,
   ninguna calamidad llegará a tu hogar.
Porque él ordenará que sus ángeles
   te cuiden en todos tus caminos.
Con sus propias manos te levantarán
   para que no tropieces con piedra alguna.
Aplastarás al león y a la víbora;
   ¡hollarás fieras y serpientes!

"Yo lo libraré, porque él se acoge a mí;
   lo protegeré, porque reconoce mi nombre.
Él me invocará, y yo le responderé;
   estaré con él en momentos de angustia;
   lo libraré y lo llenaré de honores.
Lo colmaré con muchos años de vida
   y le haré gozar de mi salvación".

1. *"El que habita al abrigo del Altísimo"*
   Señor, atráeme a ti.
   Tu Palabra promete que cuando me acerque a ti, tú estarás allí. Quiero que mi acercamiento sea un lugar permanente en donde habitar. En los momentos cuando me sienta débil y vacía y sola, no dejaré que esos sentimientos me arrastren a un pozo de inseguridad. En cambio, quiero que esos sentimientos sean detonantes para llevar de inmediato esos sentimientos cargados delante de ti y cambiarlos por la certeza de tu seguridad.
   No estoy sola, pues tú estás conmigo. No soy débil, porque tú me infundes fuerzas. No estoy vacía, porque bebo a diario de tu plenitud. Tú eres mi morada y mi refugio en cada tormenta y dura realidad. No pretendo que las aflicciones no existan, pero me gozo en el hecho de que tu cobertura me protege e impide que esas aflicciones me afecten como solían hacerlo.

Tú, Altísimo, cuyo nombre está por encima de todo rechazo, tienes la última palabra sobre mi vida. Tú me conoces y me amas de manera íntima, personal y completa. Que mis reacciones ante todas las cosas pongan de manifiesto que paso tiempo en tu presencia. Quiero que mi gentileza sea evidente a todos. Quiero que tu plenitud en mí sea la atmósfera que me rodea. Quiero ver tu amor brillar a través de mi vida. Y quiero que tu paz sea la senda por donde camine. Que tu verdad sea mi sabiduría cuando hable. Tú eres por siempre mi morada, mi gracia salvadora.

Amén.

2. "Se acoge a la sombra del Todopoderoso"

Señor, recibo tu descanso.

Necesito tu descanso para las incesantes emociones de aflicción. Enjuga mis lágrimas. No quiero reprimir mis emociones, pero sí necesito de tu ayuda para controlarlas. No quiero que mis emociones me retengan, o a aquellos con quienes me relaciono. Ayúdame a procesar lo que siento de una manera saludable y productiva.

Tu sombra es mi protección en el día caluroso y abrazador; es el lugar en donde puedo reconocer mis sentimientos. Mas tú me das el alivio suficiente para que esos sentimientos no me consuman. Eres el único quien puede hacer esto. Ninguna otra persona o distracción tiene el poder suficiente. Perdóname por ir detrás de cosas menores.

Perdóname por tratar de obtener de las personas un amor que solo tú puedes dar. Sí, escojo desistir de esa búsqueda y de las ocupaciones poco saludables y colocar mi confianza en ti. Este es el descanso que tan desesperadamente necesito.

Amén.

3. *"Yo le digo al Señor: 'Tú eres mi refugio, mi fortaleza'".*
Señor, contigo estoy segura.

Contigo, Señor, no tengo temor. Tu abrigo y tu sombra me confortan en mi soledad. Con mi voz proclamaré: "Tú eres mi refugio y mi fortaleza; por tanto, no temeré".

Tu refugio es mi pronto auxilio en donde esconderme cuando el temor comienza a pisar los bordes de mis emociones. Cierro mis ojos y con mi voz declaro que tus promesas son mi lugar seguro. Le recuerdo al temor que no contemplaré el susurro de sus mentiras. Sus mentiras me dicen que siempre estoy sola, mas tu verdad me asegura de que no lo estoy. Ni hoy. Ni mañana. Ni nunca. Esto no depende de una persona. Es la seguridad que encuentro en ti.

Sí, tú eres mi refugio.

Y tú eres mi fortaleza. Una fortaleza es un lugar firme y alto. Es el lugar en donde tú me elevas para que el temor ya no pueda tener acceso sobre mí. El temor no puede tomar aquello que ya no puede alcanzar. Qué gran consuelo es esto para mi ser. Tú me pones en alto cuando elevo mi alma en adoración a tu santo nombre.

El temor no puede tomar aquello
que ya no puede alcanzar.

La adoración es la que abre este lugar alto, el lugar donde el temor no puede entrar. Las mentiras huyen en presencia de la verdad. Y el temor huye con las primeras palabras de alabanza a tu nombre. Tú eres mi Señor. Que pueda yo menguar para que tú seas puesto en alto, mi Señor, mi amor, el protector de mi alma.

Amén.

4. *"El Dios en quien confío"*

Señor, en ti confío.

Con cada esperanza para mi futuro y con cada deseo de mi corazón, confío en ti, Señor. Pongo en ti mi confianza, porque tienes un plan perfecto ya delineado para cada preciso momento de mi vida. No necesito averiguarlo. Solo necesito permanecer cerca de ti. Cada día tú me mostrarás qué pasos debo tomar. Tú me guiarás hacia tu buena voluntad.

Siempre y cuando te busque y sea obediente a ti, sé que estaré en el camino correcto. Y aun cuando me desvíe, tu gracia me conducirá de regreso tan pronto me vuelva a ti. Perdóname por dudar de ti. Perdóname por ir delante de tu persona y a veces dejarte atrás.

Levanto hoy una bandera, proclamando la verdad de que tú plenamente me conoces y me amas. Tú me conoces como nadie más. Tú me amas como nadie en este mundo. Y esa combinación me garantiza que tú conoces lo que necesito y cuándo lo necesito. Tú ya estuviste en mi futuro y viste cuál es el mejor camino para mí. El camino de la provisión y la protección fue diseñado perfectamente por mi Dios, en quien confío.

Amén

5. *"Solo él puede librarte de las trampas del cazador y de mortíferas plagas".*

Señor, tú me librarás.

Habrá momentos cuando el enemigo me ponga trampas en secreto y trate de apartarme de tu camino. Al igual que el cazador tiene un plan estratégico para engañar a las aves al esconder alimento en una trampa encubierta, mi enemigo quiere engañarme. El alimento es bueno para las aves, pero no cuando forma parte del plan del cazador. Satanás a veces tomará lo que es bueno y lo tergiversará en una trampa oculta.

Ayúdame a discernir estas clases de trampas. Ayúda-me a reconocer las cosas buenas pero con los planes del enemigo detrás de ellas.

Mi deseo por amor es bueno. Pero si busco el amor de la manera incorrecta, con la persona incorrecta, en el tiempo inoportuno, el enemigo me atrapará. Confie-so que he permitido que esto me suceda. Te pido per-dón. Los planes del enemigo son robar, matar y destruir. Dame fuerzas para resistir las trampas que el enemigo ha puesto hoy en mi camino.

Señor, dame plena consciencia de las artimañas del enemigo. Pon en mí un deseo puro de buscar solo tu voluntad. Líbrame de las heridas y del quebranto por perseguir cosas buenas pero de la manera incorrecta.

Amén.

6. *"Te cubrirá con sus plumas y bajo sus alas hallarás refugio. ¡Su verdad será tu escudo y tu baluarte! No temerás el terror de la noche, ni la flecha que vuela de día, ni la peste que acecha en las sombras ni la plaga que destruye a mediodía".*

Señor, tú me cubres, y tu fidelidad me protege.

El cazador no solo atrapa a las aves, sino además les dispara con sus flechas silenciosas pero mortales. Señor, protégeme no solo de las trampas del enemigo, sino tam-bién de sus ataques directos y de sus agresiones. Tu verdad es mi escudo, el cual me rodea por doquier. Me siento tan herida a causa de este rechazo que estoy enfrentando ahora mismo que es difícil sentirse protegi-da. Pero me paro en tu verdad en lugar de en mis senti-mientos y proclamo que este rechazo no se trata de un disparo del enemigo sino que es tu protección.

Tu cubrir me ha mantenido a salvo, incluso si no pue-do ver el panorama completo ahora mismo. Las crías de las aves bajo las alas de su madre raramente conocen la historia completa de lo que sucede allí afuera. No necesitan saber los detalles, tampoco yo. Si esta relación rota fuera tu voluntad, no me habrías apartado de ella. Y si es tu voluntad para más adelante, el enemigo no podrá separarnos.

Pero por ahora, tengo paz porque sé que hay un propósito en este quebranto. No necesito controlarlo. Solo voy a abrazarlo como tu buena voluntad. Protégeme de los dardos del enemigo de duda, desánimo y división. Rodéame con tu consuelo, inspiración y unidad. Hazme valiente. Mantenme firme.

Gracias por la certeza de tu protección.

Amén.

7. *"Podrán caer mil a tu izquierda, y diez mil a tu derecha, pero a ti no te afectará. No tendrás más que abrir bien los ojos, para ver a los impíos recibir su merecido. Ya que has puesto al Señor por tu refugio, al Altísimo por tu protección, ningún mal habrá de sobrevenirte, ninguna calamidad llegará a tu hogar".*

Señor, lo vuelvo a decir con aún más seguridad. Tú eres mi refugio y mi protección. Por tanto, ningún mal me sobrevendrá.

Señor, situaciones difíciles acontecerán. Esta situación es difícil, pero no me dañará por mucho tiempo. No me destruirá. Podrá ser devastadora por algún período, pero no será una fuerza destructiva en mi historia de vida.

Sí, el rechazo ha destruido a otros, mas tu Palabra dice que este no les sobrevendrá a los que hacen de esta oración una realidad en sus vidas. Te proclamo como mi refugio. Te pongo a ti por mi protección. El orar, proclamar y vivir esto afirma tu promesa para mi vida. Te alabo por esta gran palabra. Te alabo porque haces y cumples tus promesas. Otros podrán romper sus promesas, pero tú nunca lo harás.

Amén.

8. *"Porque él ordenará que sus ángeles te cuiden en todos tus caminos. Con sus propias manos te levantarán para que no tropieces con piedra alguna".*

Señor, reconozco que tus ángeles tienen la misión de protegerme. Como agentes secretos, tus ángeles me cuidan. Gracias por tener cuidado de cada parte de mí: física, emocional y espiritual. En todos los sentidos, tú estás conmigo.

Por mucho que me sienta tentada a ir detrás de cosas menores en los momentos de desesperación, sé que tus ángeles pelean por mí. No me sentiré sola o indefensa en mi desesperación, sino que me sentiré guardada como la hija preciada que soy. Sé que tú haces todas las cosas bien y buenas. Sé que tu amor reinará soberano.

Amén.

9. *"Aplastarás al león y a la víbora; ¡hollarás fieras y serpientes!".*

Señor, sé que el enemigo ya ha sido derrotado.

Peleo desde la victoria, no por la victoria. Tú ya has vencido al derrotar la muerte y al convertir a Satanás en un enemigo caído. Aplastaré y hollaré al enemigo al recordarle una y otra vez que no tiene lugar en mi vida.

No tiene lugar en mi mente.

No tiene lugar en mi proceso de decisiones.

No tiene lugar en mi corazón.

No tienen lugar en mi futuro.

Todo mi ser está reservado y preservado para la vida. Tu vida. Ninguna parte de mí fue creada para la muerte que produce el enemigo.

Declaro que las áreas muertas con desánimo e inseguridad serán vivificadas por el poder de tu resurrección.

¡En el nombre de Jesús!

Amén.

10. "Yo lo libraré, porque él se acoge a mí; lo protegeré, porque reconoce mi nombre. Él me invocará, y yo le responderé; estaré con él en momentos de angustia; lo libraré y lo llenaré de honores. Lo colmaré con muchos años de vida y le haré gozar de mi salvación".

Oh, Señor, reconozco tu nombre.

Tú eres mi Salvador, mi Señor, mi líder, mi amor, mi Creador, mi amigo, mi Dios, mi luz, mi verdad, mi salvación. Tan pronto como invoque tu nombre, tu poder se manifestará en cualquier situación que enfrente.

Creo que tú me rescatarás, me protegerás, me responderás, estarás conmigo, me librarás y me honrarás con larga vida. Es casi demasiado para mí asimilar todas estas promesas. No las merezco, pero las recibo como los regalos que en verdad son.

Te amo, Señor. Reservo solo para ti las partes sagradas de mi corazón. Te pongo por encima de todo, en todo, alrededor de todo y te confío todo. No permitiré que este sufrimiento me robe otro minuto de mi plena atención hacia ti.

Cuando la ansiedad trate de tomar el primer lugar, le ordenaré que se vaya en tu nombre. Cuando la duda y el desánimo amenacen con debilitar mi creencia en tu bondad, proclamaré tu verdad y veré las mentiras huir como plagas. Cuando el temor trate de robar mi atención, adoraré tu santo nombre y elevaré mi mirada a tus promesas.

Creo que por siempre y para siempre estarás conmigo. Podré ser rechazada por el hombre, pero seré por siempre preciada y aceptada por el Dios altísimo.

Amén.

Y con esto cierro mi diario de oración, sintiéndome mucho menos desesperada y mucho más plena. Respiro el aire de vida que trae sus palabras.

Lo imagino a Él parado a la puerta de mi futuro, llamando. Si hoy le permito entrar en la oscuridad de mi sufrimiento, Él abrirá la puerta hacia un mañana mucho más prometedor. Incluso los destellos más pequeños de su luz destruyen completamente la oscura desolación de mis problemas. Cuanta más luz halla, más brillante se volverá mi futuro. Sé esto ahora. Ya no considero la oración como una actividad espiritual por repetición. Anhelo tener estos momentos íntimos con Él. Son mis conversaciones más dulces, donde mi interior es restaurado. Con gran entusiasmo rechazo los enredos del enemigo e invito a entrar a mi dulce Jesús.

Y también invito a una amiga de confianza, con fin de que estas verdades absolutas sean selladas en mi vida. Comparto con ella aquello que no les he revelado a muchos otros. De esa forma tengo una voz humana que puede recordarme estas verdades en esos días de duda. En esos días malos cuando la vida es difícil, ella me puede ayudar a pararme en esta fe valiente, a fin de no olvidar de que esa fe está en mí.

Oro para que esta desesperación termine hoy. Pero incluso si no termina, me siento hoy más plena que nunca. Respiro profundamente y sonrío con gratitud. Deslizo mi dedo sobre mi cicatriz sanada y ya no la veo como la prueba de una herida sino más bien como una prueba de victoria.

Capítulo 15

Quisiera huir

¿Quiere saber cuál es uno de los peores sentimientos en el mundo para mí? Sentirse estancada.

Estancada en una situación en la cual no puede ver que las cosas mejoren. Miro los próximos cinco minutos, cinco horas, cinco días y todo lo que veo son las mismas complicaciones que se repiten una y otra vez.

Trato de darme a mí misma una charla motivacional y acceder a esa chica optimista que está dentro de mí en alguna parte. La parte de mí que sabe que el vaso está medio lleno y escoge ver el lado positivo. Pero ya no está allí.

De pronto, la vida se siente como que será así para siempre. Imposible. Difícil. Más de lo que puedo soportar. Y este oscuro desánimo me eclipsa. Quisiera ver la luz al final del túnel, por así decirlo. Pero ¿y si me siento perdidamente estancada en el medio? ¿En donde la luz aún no brilla? Y comienzo a preguntarme si alguna vez brillará.

Esto me sucedió cuando un niño me rompió el corazón en la preparatoria. Éramos mejores amigos, lo cual por lo general implica que la chica está secretamente enamorada del chico, quien disfruta de su compañía pero no lo suficiente como para invitarla a salir.

En lugar de avanzar con mis sentimientos, me permití quedarme estancada en la "zona de amigos". Él disfrutaba tenerme como la amiga que siempre estaba allí para él, y que lo ayudaba a superar los dramas constantes con sus diferentes novias.

Pero destrozaba mi corazón en pedazos cada vez que su relación con una chica florecía y hablaba de cuán maravilloso era cada aspecto de su perfección. Oírlo decir tales cosas sobre otras chicas cuando yo soñaba con que me las dijera a mí provocó que cada una de mis inseguridades se sintiera como un nervio sensible.

Cambiaba de novia al igual que un mosquito hambriento con campistas sudorosos sin repelente.

Sonreía por fuera mientras que por dentro me estaba muriendo.

Finalmente, ya no pude soportarlo. Le pregunté si podíamos hablar y luego conduje hasta su casa. Era el atardecer. Ni mucha claridad. Ni mucha oscuridad. La hora en medio del día y de la noche parecía un escenario apropiado para una chica atrapada en una relación donde no se sentía tan aceptada como quisiera ni rechazada como pudiera temer.

Entré a su casa como lo había hecho cientos de veces. Pero por primera vez, invité a la honestidad a nuestra relación. Admití que estaba enamorada de él y que no podía seguir pretendiendo que esa amistad me fuera suficiente. Me miró con su boca abierta y, por un breve segundo, parecía que iba a decir algo. Pero cuando al final no dijo nada, en absoluto, me di la vuelta y regresé a mi coche.

Lo menos que podía hacer era preservar la poca dignidad que me quedaba al ser la primera en marcharme.

En una película de Hollywood, de repente se habría dado cuenta de que también estaba enamorado de mí, mientras que yo comenzaba a alejarme de su casa. Miraría por el espejo retrovisor, lo vería agitando sus brazos mientras perseguía mi coche, obligándome a detenerme, y aparecerían los créditos cuando los dos amigos sellaban su amor con un beso en el medio de la carretera.

Pero esto no se trataba de una película. Era la preparatoria. No solo no corrió detrás de mí, sino que además por un largo período dejó de hablarme por completo. Y si bien ahora me siento agradecida de no haberme convertido en otra de sus novias descartables, fue devastador para una muchacha joven enamorada. El amor se sentía como algo reservado para otras personas, pero siempre un poco fuera de mi alcance.

Al marcharme en mi coche aquella noche, repetía en mi mente una y otra vez la terrible escena del rechazo. Mi confesión de amor se había encontrado con un silencio ensordecedor que penetró en los lugares más profundos. Cada vez que la recordaba, el rechazo parecía intensificarse. Quería huir a un lugar donde nunca se haya oído el nombre de este chico ni el mío. Donde pudiera reescribir en mi mente el guion de lo ocurrido, o al menos pretender que nunca sucedió.

Y creía que viviría con ese sentimiento devastador por el resto de mi vida. Pero, finalmente, el chico de la preparatoria se volvió solo un recuerdo. El tiempo me concedió ese regalo. Sin embargo, el dolor del rechazo todavía se sentía muy reciente.

Hubo varias otras épocas de sentimientos devastadores que creí que durarían por siempre. Y todas las veces me sentía estancada con una sensación sofocante de querer sentirme mejor pero sin saber cómo. Mi mente tenía tantas dificultades para controlar mi corazón. Un rechazo tras otro le produjo bastante daño a mi alma. Y cada nuevo rechazo no solo añadía sufrimiento; sino que multiplicaba el dolor ya existente. Esta acumulación creó un sentimiento oscuro de fracaso irremediable.

Dado que no entendía que podían surgir cosas buenas del dolor, solo quería escaparme de él.

Resulta interesante que esa estudiante de preparatoria creía que si encontraba el amor y se casaba todo se arreglaría. Pues no fue así. La gente no puede cambiar desde afuera una perspectiva que debe restaurarse desde adentro. Solo el Señor puede hacer la obra.

El rechazo tiene lazos largos que logran traer el dolor del pasado a las situaciones presentes. Aquello que ayer se sentía irremediable alimentará su presente con desesperación a menos que corte esas ataduras.

Huir del dolor no lo arreglará.

Pretender que se encuentra bien cuando en verdad no lo está no lo arreglará.

Evitar involucrarse en relaciones futuras no lo arreglará.

Mantenerse lo suficientemente ocupada o volverse exitosa o seguir acumulando no lo arreglará.

Cierro mis ojos y digo: "¿Señor, cuál es la solución? ¿Cómo me despojo de este sentimiento de que voy a estar estancada en estos períodos de oscuridad por el resto de mi vida?".

Tres palabras vinieron a mi mente: *Vuélvete a mí.*

Teóricamente, suena bien. Pero en la realidad *volverse a Dios* se sentía un poco como tratar de abrazar el aire. A veces nos cuesta comprender algo que no es tangible.

Así que tomé la única pieza de Dios que podía físicamente tocar: su Palabra. "Si ustedes obedecen todos estos mandamientos que les doy, y aman al Señor su Dios, y siguen por todos sus caminos y le son fieles, entonces el Señor expulsará del territorio de ustedes a todas esas naciones. Así podrán desposeerlas, aunque sean más grandes y más fuertes que ustedes" (Deuteronomio 11:22–23).

Me encanta cuando la Escritura dice "son fieles" al Señor. El desánimo quiere que dejemos de seguirle a Él. Hacer que Dios sea nuestro último recurso cuando tropiezo y caigo. Pero si cierro mis ojos, me vuelvo a Él y simplemente susurro: "Dios...", ante la declaración de su nombre Él me "desposeerá" de todo aquello que trata de poseerme.

Él me libra de la oscuridad que me domina y me ayuda a ver que esta es solo una parte del túnel, no todo el trayecto. Quizá haya oscuridad en esta sección, pero las tinieblas no cubrirán todo el camino. Pero incluso en las partes más oscuras, tengo acceso inmediato a Él.

En medio de las aflicciones, Él está allí... solo tengo que reconocer esa realidad. "Dios, te amo. No me gusta esta situación. Pero te amo. Por tanto, tengo todo lo que necesito para avanzar paso a paso hasta llegar del otro lado".

Un paso a la vez. Con la plena seguridad de que Dios está bien conmigo incluso cuando yo no esté bien conmigo misma. Y me doy cuenta de que no puedo aferrarme al deseo de huir y al mismo tiempo ir a donde Dios quiere guiarme.

Jesús podría haber huido

Jesús conocía el sentimiento de un corazón devastado. Lo sentía. Lo soportaba. Lo luchaba.

Y hubo un momento cuando pudo haber huido.

Era una noche cargada de aflicción para Él. Jesús comió con los discípulos por última vez. Había tratado de prepararlos para lo que estaba por acontecer, pero realmente no lo comprendían.

Judas se había ido de la cena para cometer una traición impensable contra su amigo, su maestro, su Señor. Sus pies estaban aún recién lavados por el Señor de los cielos y la tierra, quien se había inclinado para tocar su humanidad y limpiar su suciedad. Pero la calidez de su amor pronto fue vendida por un puñado de monedas frías.

Y luego llega el momento cuando Jesús camina con los demás discípulos hacia el lugar en donde se habían reunido tantas otras veces. Su lugar de encuentro pronto se convertiría en su lugar de dispersión. Juan 18:1–2: "Después de decir esas cosas, Jesús cruzó el valle de Cedrón con sus discípulos y entró en un huerto de olivos. Judas, el traidor, conocía ese lugar, porque Jesús solía reunirse allí con sus discípulos" (NTV).

Judas estaba en camino con las monedas tintineando en su bolsillo y pasos firmes con intenciones maliciosas.

A pesar de que Jesús tenía cerca a algunos de los discípulos, Él sabía que estaba completamente solo. Solo en su entendimiento de la seriedad de esa noche. Solo en su dolor. Solo en su misión. Jesús les dijo a Pedro, a Jacobo y a Juan: "Es tal la angustia que me invade que me siento morir —les dijo—. Quédense aquí y vigilen" (Marcos 14:34).

Y sus únicos compañeros se quedaron dormidos.

La gente no puede

arreglar desde afuera

una *perspectiva*

que necesita

ser *restaurada*

desde adentro.

"Yendo un poco más allá, se postró en tierra y empezó a orar que, de ser posible, no tuviera él que pasar por aquella hora. Decía: '*Abba*, Padre, todo es posible para ti. No me hagas beber este trago amargo…'" (Marcos 14:35–36).

Y este es el momento exacto en el cual Jesús podría haber huido. Vio lo que implicaba atravesar los eventos de la cruz, y cada parte de su humanidad gritó: "No me hagas beber este trago amargo".

Un hecho interesante acerca del huerto de Getsemaní es que se ubica en la base de una conocida ruta de escape de la ciudad por el monte de los Olivos hacia el desierto de Judea. Este es el camino que tomó David cuando escapaba de su hijo Absalón.

Jesús la habría conocido. Pero en lugar de huir. Se volvió a su Padre y expresó doce palabras que destruyen infiernos, sacuden demonios y derrotan al enemigo: "Pero no sea lo que yo quiero, sino lo que quieres tú" (Marcos 14:36).

La primera vez que estuve en el huerto de Getsemaní, lágrimas rodaron por mis mejillas. No es algo habitual que permita que las emociones fluyan tan libremente. Pero se sintió santo derramar mis lágrimas y que se volvieran parte de la tierra que acunan estos árboles. Como si fuera la única manera en que alguna parte de mí pudiera dedicarse a este lugar, me forcé a sacarlo todo.

Y de todos los recuerdos que hacían fluir mis lágrimas, los que más dolían eran aquellos con el rostro de mi papá. Me vi a mí misma mirando a mi papá con ojos suplicantes por escribir las primeras escenas de mi vida con amor. Pero él escogió el rechazo en su lugar.

Allí fue cuando cambié lo que luego esperé de todos en la vida. En lugar de afrontar la vida con la esperanza de recibir amor, comencé a esperar el rechazo. Incluso si la vida me entregaba amor, con desconfianza esperaba que me fuera arrebatado. Sabía que tenía que cambiar.

No podía seguir permitiendo que el rechazo de mi padre
echara a perder mi potencial para relacionarme.

No podía seguir intentando huir del sufrimiento.

No podía seguir pidiéndole a Dios que pasara de mí esta
copa.

No podía seguir pensando que toda mi vida habría sido
mejor si solo mi padre me hubiera amado.

Este desánimo que se repetía en ciclos en mi vida era la
desesperanza.

Cuando alguien la roba la esperanza a una niña, atropella los
deseos más agradables de su vida.

Quizá usted también haya vivido un rechazo inolvidable que
persiste en su vida. Como en mi caso, podría ser que alguno de
sus padres se haya marchado. O quizá una amiga, una hermana, su cónyuge, una mentora, o alguien de tantos otros quien
se haya ido y echado su amor a un lado.

Creo que a esta altura ya sabe que puedo entenderla a un
nivel muy profundo. Y mientras siguiera deseando que las
cosas con mi papá fueran diferentes, él me seguiría hiriendo
para siempre. Me volvería incapaz de seguir adelante. Quedaría
estancada en una realidad de mi pasado sobre la cual carecía
de poder para cambiar.

Pero si realmente creyera que la sanidad de Dios es más
poderosa que cualquier herida que el mundo pudiera causar-
me, confiaría en Él. Podría confiar en sus planes. Podría seguir
adelante al decir: "Pero no sea lo que yo quiero, sino lo que
quieres tú".

Tenía que volverme a Dios y declarar esas doce palabras
como hizo Jesús. Y no podría pensar en un mejor momento y
lugar para hacerlo que este. Quizá estas páginas puedan ser su
lugar para expresar esas mismas palabras.

El sol del Medio Oriente saltaba y danzaba a través de las
hojas verdes plata de los árboles de olivo. Inhalé el aire cálido
y comencé:

No sea lo que yo quiero, sino lo que quieres tú.

Confío en que tu voluntad es buena en todas estas circunstancias. Puedo confiar en ti incluso cuando no comprenda tus planes. Pero no puedo confiar plenamente en ti mientras todavía me aferre a las cosas que me hacen cuestionarte. Tengo que despojarme de tales cosas.

Tú tan claramente prometes que cuando las oscuras realidades me cieguen, serás mi guía. Me guiarás a la ayuda espiritual que necesito, como así también me guiarás a la ayuda emocional y física. Ayúdame a ver tu provisión y ser lo suficientemente humilde como para recibirla. Allanarás los lugares escabrosos. Tales cosas harás, y no me abandonarás.

Tú has dicho: "Conduciré a los ciegos por caminos desconocidos, los guiaré por senderos inexplorados; ante ellos convertiré en luz las tinieblas, y allanaré los lugares escabrosos. Esto haré, y no los abandonaré" (Isaías 42:16).

Dices que tu Palabra es más cortante que cualquier espada de doble filo. Por tanto, corto estas ataduras de mi alma con el filo preciso de tu verdad.

Me abandonaron. Ese es un hecho de mi pasado, pero no es el destino de mi futuro.

Me rechazaron. Ese es un hecho de mi pasado, pero no es el destino de mi futuro.

Me hirieron. Ese es un hecho de mi pasado, pero no es el destino de mi futuro.

Me excluyeron. Ese es un hecho de mi pasado, pero no es el destino de mi futuro.

Me rompieron el corazón. Ese es un hecho de mi pasado, pero no es el destino de mi futuro.

Los tiempos dolorosos pueden ciertamente hacerme crecer, pero nunca fueron destinados para definirme. Me despojaré del sufrimiento y abrazaré el crecimiento tan pronto pueda decir: "Pero no sea lo que yo quiero, sino lo que quieres tú".

*Los tiempos dolorosos pueden ciertamente
hacerme crecer, pero nunca fueron
destinados para definirme.*

Jesús fue nuestro ejemplo.

Fue traicionado, burlado, abandonado, golpeado, crucificado y sepultado. Todos estos fueron hechos de su pasado, no el destino de su futuro. ¡Su dolor en el huerto se convirtió en poder en la tumba! Su crucifixión en la cruz constituyó la derrota de la muerte. Su cuerpo molido significó la esperanza de resurrección para el mundo.

¡Él resucitó!

Y nosotras resucitaremos también.

¡Me pongo de pie y me regocijo! Canto la última canción de alabanza y me siento gozosa ya que este capítulo parece acercarse a su final. Pero antes de colocar aquí el señalador de libros y determinar que sabemos todo lo que hay que saber, quiero quedarme en el huerto por un minuto más. Hay algo más que debemos aprender. Después de todo, suele haber una demora entre el viernes de rechazo y el Domingo de Resurrección.

Y no sé usted, pero definitivamente necesito que mi perspectiva sea afirmada entre el rechazo y la resurrección. En el capítulo anterior se habló sobre qué cosas orar en la desesperación del mientras tanto. Ahora quisiera decirle qué debe saber durante la desesperación en medio de este proceso. Por ello no creo que sea una coincidencia que hubiera olivos en esos momentos de profunda aflicción para Jesús.

¡Sí, la resurrección estaba próxima! Jesús lo sabía. Pero en el momento de sentirse abrumado por la angustia, Él, también, luchó.

¿Y cuál fue el escenario de este momento tan intenso? Un huerto lleno de olivos. El olivo es una imagen de la perspectiva.[1] Pienso que el Creador de todo, quien hace todo con un propósito, a menudo escogió estar bajo la sombra de los olivos.

Y posiblemente no solo haya escogido estar entre los olivos en la hora más oscura, pero ¿pudo realmente haberlos creado para un momento como este?

Así es, el olivo fue más que solo un escenario para Jesús.

Los tiempos de tribulación son tiempos necesarios

En primer lugar, el olivo para ser fructífero tiene que recibir tanto el viento del oriente como el del occidente. El viento del oriente es el viento seco y caliente proveniente del desierto. Es un viento riguroso. Tan riguroso que puede soplar sobre el césped verde y marchitarlo en un día. (El viento del este es también aquel que sopló sobre la casa de Job).

El viento del occidente, por otra parte, viene del Mediterráneo y trae con él lluvia y vida.

El olivo necesita ambos tipos de vientos para producir fruto...al igual que nosotras. Necesitamos que tanto los vientos de la adversidad como los vientos del alivio avancen en nuestras vidas para ser verdaderamente fructíferas.

Los tiempos de tribulación son tiempos de procesos

Otro aspecto a considerar sobre el olivo es cuán amarga es la oliva por naturaleza y todo lo que debe atravesar para que sea útil. Si usted toma una oliva del árbol e intenta comerla, encontrará su amargura repugnante.

Para que la oliva sea comestible, tiene que atravesar un largo proceso, el cual comprende...

limpieza,

ruptura,

remojo,

a veces salado,

y paciencia.

Implica un largo proceso para ser curada de la amargura y preparada para su utilidad. Si vamos a dejar atrás la amargura natural del corazón humano, tenemos que atravesar también por un largo proceso...el proceso de curación.

Los tiempos de tribulación son tiempos de preservación

Lo último que quisiera considerar acerca de la oliva es la manera de preservación a largo plazo. Se deben prensar a fin de extraer el aceite. Lo mismo ocurre con nosotras. La forma bíblica para ser preservadas es ser atribuladas. Y nuestra tribulación ciertamente puede sentirse como abatimiento.

¿Pero qué hay de 2 Corintios 4:8, cuando dice: "Nos vemos atribulados...pero no abatidos"? Leamos los versículos 8 y 9 de la versión Reina-Valera 1960: "Estamos atribulados en todo, mas no angustiados; en apuros, mas no desesperados; perseguidos, mas no desamparados; derribados, pero no destruidos".

Este fue uno de los momentos de revelación más importante para mí mientras estaba en la sombra del olivo: el prensado no es el fin de la oliva. En cambio, es la forma de preservación. También es la manera en que se obtiene lo más preciado de la oliva: el aceite. Con esta perspectiva en mente, podemos ser atribuladas en todo, mas no angustiadas...atribuladas hasta el punto de ser abatidas, más no destruidas.

ᘰ

Creo que necesito repasar estas verdades más a menudo:

Cuando los apesadumbrados vientos del oriente soplan, me olvido de que son necesarios.
Cuando estoy en medio de un proceso, me olvido de que es para quitarme la amargura.
Y cuando me veo atribulada, me olvido de que es por el bien de mi preservación.

Me olvido tan fácilmente de estas verdades. Lucho y lloro y honestamente me resisto y quiero huir de todo esto. Oh, cómo se me olvida.

Quizá Dios sabía que todas nos olvidaríamos. Y entonces, creó el olivo.

El olivo es un recordatorio tan hermoso de que no va a ser así para siempre. Del otro lado del viento riguroso está fruto. Del otro lado del proceso de ser quebrantada y de esperar hay un corazón libre de amargura. Del otro lado de ser atribulada y abatida está el aceite...la parte más preciada de mí libre para emerger.

Del otro lado de cada sufrimiento hay una resurrección.

Debemos creer que aquello que Dios ha dicho que hará será hecho. No se enfoque en los problemas. En cambio, tenga una mentalidad de resurrección aferrada a las promesas de Dios. ¡Algo bueno está por venir!

Del otro lado de cada sufrimiento
hay una resurrección.

Así fue para Jesús. Así es para el olivo. Y así también será para usted y para mí. Aunque mis circunstancias puedan hoy no cambiar, puedo ciertamente cambiar mi actitud. No huiré. Me elevaré por encima de las circunstancias. Confiaré en la voluntad de Dios por sobre mis deseos. Permitiré que la verdad libre mi alma de toda atadura de las heridas del pasado. Entraré en mi destino. Y al hacer esto, veo un parpadeo de su luz, y un latido de esperanza divina corre a través de mi corazón.

Capítulo 16

Aquello que creí que me restauraría no lo hizo

Creo que la mayoría de nosotras tenemos la sensación de que existen curas secretas en la vida. Queremos una píldora secreta para adelgazar. O una aplicación de diez minutos que nos permita hablar un segundo idioma. O una crema de noche que elimine toda evidencia de la edad de nuestros rostros y todas las papas fritas de nuestros muslos.

Alguna cosilla que de repente vuelva la flacidez fabulosa, la lengua bilingüe y la piel tersa. Queremos resultados fáciles. Soluciones rápidas. Autosuperación a la velocidad de una ventanilla de autoservicio.

Toda mi vida he deseado esta clase de cura fácil para el rechazo. Algo que hiciera que mi alma dejara de retorcerse con inseguridades y preocupaciones de ser abandonada. Y que con una completa seguridad, pudiera finalmente decir: "¡Pertenezco!". Y que este pertenecer fuera permanente. Irrevocable. Sin dudas ni condiciones. Cementado.

Pasé muchos años persiguiendo la solución para dejar de sentirme excluida y sola. Recuerdo pensar que lograría obtener una respuesta en tercer grado.

Tercer grado fue cuando por primera vez me di cuenta de la división entre mis compañeras. Aquellas con logos de cocodrilo en sus camisas elegantes y sus peinados prolijamente armados comenzaban a agruparse, dejando de lado a aquellas de nosotras que teníamos ropa usada, dientes de conejo y cabello rizado. Mi mamá siempre me dijo que era hermosa, pero mis compañeras me hacían sentir que mi mamá no me estaba diciendo la verdad o necesitaba mejores anteojos. De cualquier modo, desesperadamente quería estar "dentro". Pero era evidente que estaba "fuera" del grupo popular.

La Sra. Hartung, mi maestra de tercer grado, tenía un corte de cabello al estilo Dorothy Hamill, grandes gafas circulares, y una panza muy redonda que anticipaba que no llegaría a fin de año con nosotros si su bebé naciera. Era bondadosa y gentil. Y le gustaba mi manera de escribir. Incluso presentó un discurso que yo había escrito para el concurso de la escuela. Pasaría mucho tiempo antes de que supiéramos quién ganaría, pero el solo hecho de que se sonriera con mis palabras me hizo sentir como si me sonriera a mí.

No recuerdo ni una sola clase de sus enseñanzas, pero recuerdo muy claramente la manera en que me hacía sentir. Me dio esperanzas de que las preocupaciones que me agobiaban en tercer grado de ser el último orejón del tarro entre mis compañeras podrían no ser siempre mi realidad.

Sí, me hizo sentir excepcional.

Ayudó que su esposo trabajaba en nuestro periódico local, lo cual demostró que su creencia en mis habilidades para la escritura iba más allá de los requisitos de una maestra de ver lo mejor en cada una de sus estudiantes.

Cuando supe que iríamos de excursión al lugar de trabajo del Sr. Hartung, recuerdo haber pensado que este podría llegar a ser el día más grandioso de toda mi vida de ocho años.

El Sr. Hartung era para mí una especie de personaje famoso con barba. Recuerdo un sábado a la mañana haber visto su foto en miniatura al lado de un artículo que había escrito. En ese instante, con los cereales como testigos, supe que esta era la respuesta que había estado buscando. Si algún día pudiera publicar artículos en el periódico con mi foto en miniatura, entonces me curaría del rechazo.

¡Sí!

En medio de las tostadas y los huevos, me imaginé las conversaciones maravillosas de miles de mis conocidos en mi ciudad natal, mientras tomaban café y simultáneamente bebían mis palabras. Luego, exhalarían: "Ella es asombrosa".

Y después quizá aparecería una banda de música en mi puerta de entrada y caería confeti del cielo, mientras todos se deslizaban hacia la plaza del pueblo, donde el alcalde me daría la llave de la ciudad. Y las niñas populares estarían alentándome. Y mi cabello se vería estupendo. Y mis dientes de manera repentina y milagrosa se enderezarían como los de un predicador de TV.

Soy increíblemente realista.

Por suerte, todavía no era consciente del hecho de que la mayoría de las personas creen que los escritores son mediocres en el mejor de los casos. Y por lo general son los críticos, no los entusiastas, quienes aportan más comentarios. Pero no sabía esto en ese entonces, así que el plan que me salvaría del rechazo seguía en marcha. Estaba segura de que iba a deslumbrar a esos sujetos del periódico hasta el punto de convencerlos de que su próxima columnista exitosa sería una niña de tercer grado de la clase de la Sra. Hartung.

Antes de darme cuenta, llegó el día de la excursión. Descendimos del sofocante y pegajoso autobús escolar y nos formamos en fila enfrente de un edificio alto. Recuerdo las columnas blancas majestuosas. La tipografía del letrero. Y la manera en que la Sra. Hartung nos tranquilizó antes de abrir las puertas de entrada. También podrían haber sido las puertas del cielo. Respiré profundo y me preparé para avanzar hacia un nuevo futuro como la niña más popular de la escuela. Hola, *Tallahassee Democrat*.

Entonces, de pronto un demonio en forma de avispa me eligió de entre la multitud para atacarme. Me tambaleé al dispararse el dolor en todas direcciones por mi brazo. Grité. Las lágrimas engañaban mis mejillas ruborizadas. Y mi brazo se hinchó como el de Popeye. Ni siquiera logré llegar al vestíbulo. Mi mamá vino a buscarme. Y al día siguiente en la escuela fui el hazme reír de todos.

Incluso meses después, cuando mi discurso salió ganador en el concurso de la escuela, puedo recordar cuán aterrada me sentía de pararme frente al público para pronunciar mi discurso ganador. No pensaba en las soluciones rápidas ni desfiles ni llaves de la ciudad que podrían de pronto volverme popular. Simplemente tenía miedo de que otra avispa me atacara, exponiendo de nuevo todos mis temores y lágrimas.

Para entonces había aprendido una lección dolorosa que continuaría aprendiendo una y otra vez en las diferentes etapas de mi vida: Ser el centro de atención no enmienda nuestras inseguridades. Solo magnifica aquello que pensamos que la popularidad encubriría.

Ser el centro de atención no enmienda nuestras inseguridades. Solo magnifica aquello que pensamos que la popularidad encubriría.

Tampoco las soluciona una gran relación. Tengo un matrimonio asombroso. (La mayor parte del tiempo). Pero ha habido épocas cuando estuve a punto de destruir nuestra relación, porque estaba aterrorizada de que algún día me dejara. Imaginaba romances donde no los había y un sinnúmero de escenarios absurdos que simplemente no eran ciertos.

Era como ganar el concurso pero no disfrutarlo, porque estaba convencida de que otra avispa vendría a atacarme en cualquier momento.

La lista de factores que he creído que me restauraría a lo largo de los años trasciende ampliamente la popularidad y las relaciones. Imagino que usted aquí también podría seguir agregando cosas que haya intentado. La vida no funciona tan bien como quisiéramos. Hay más avispas y más aguijones; simplemente, forman parte de la vida. Sin embargo, Jesús no se niega a acercarse en medio de nuestros dolores y sufrimientos y complicaciones.

La divinidad de nuestro Señor nunca ha sido renuente a entrar en el desorden de la humanidad. Él es la gran respuesta para todos nuestros deseos. Y no permitirá que nuestra necesidad de amor divino y profundo que solo Él puede saciar, sea suplida por cosas menores. Él puede muy bien darnos dones buenos. Él nos puede encomendar relaciones y logros y bendiciones de toda clase. Después de todo, a Él le agrada dar cosas buenas a aquellos que le aman. Pero no honrará la búsqueda de tales cosas.

Si creemos que cosas menores pueden verdaderamente satisfacernos, será como perseguir el viento. Es una búsqueda extenuante. Estaremos siempre sin aliento buscando convertirnos en alguien que percibimos necesario ser.

"Algún día me convertiré en la mujer de alguien".

"Algún día seré alguien importante".

"Algún día viviré en tal casa o conduciré tal coche o podré comprar cosas sin mirar el precio".

"Algún día alcanzaré el éxito o la brillantez o un estado social".

Lo decimos con tal seguridad que luego vamos en busca de cualquier cosa o persona que pueda hacer que ello suceda. Y en el proceso nos alejamos cada vez más del único dador de los buenos regalos. Aquel que desea vivir una historia de amor con nosotras. No como el genio mágico a quien acudimos en ocasiones por una pequeña dosis de ayuda divina. Sino aquel que nos aquieta, nos acalla, nos quita el agotamiento y nos susurra:

"No se trata de *convertirse* en alguien. Tu alma fue creada para simplemente *estar* conmigo. Y cuanto más tiempo pases conmigo, dejarás de temer lo que pueda quitarte este mundo. Conmigo eres libre para ser tú misma. La verdadera tú. A quien la honestidad llamó al comienzo de este viaje. Aquella cuya esencia está alineada con mi verdad. Aquella quien no teme las imperfecciones ni los rechazos, porque la gracia los ha cubierto de las formas más hermosas".

Vencer el rechazo no depende de superar un aparente obstáculo. "Quiero eso, y si lo consigo, la vida será maravillosa". No. Oh, Dios, paraliza esa parte de nuestros corazones que se atreva a engañarnos con este pensamiento.

Lo más profundo de mi ser corre para hallar a la honestidad. Y cuando la hallo, me doy cuenta de que era Jesús llamándome todo este tiempo. Ahora lo comprendo. Finalmente, lo comprendo. Soy vulnerable, pero estoy completamente segura.

Y con un abrazo que rivaliza con cualquier otro jamás dado, exclamo: "El rechazo nunca tiene la última palabra. El rechazo podrá ser un retraso o una distracción o incluso una aflicción por un período. Pero jamás será el destino final. Fui destinada para un amor que nunca disminuye, se quebranta, se conmueve ni es arrebatado. Contigo, Jesús, estoy por siempre segura. Soy por siempre aceptada. Por siempre guardada. Completamente amada y siempre bienvenida".

Contigo, Jesús,

estoy por siempre *segura;*

Soy por siempre *aceptada;*

Por siempre *guardada;*

Completamente *amada*

y siempre *bienvenida;*

Capítulo extra

¿Cómo es vivir conmigo?

Querida amiga,

Me siento tan honrada de haber recorrido este libro con usted. Mientras escribía este mensaje, lloré en algunas partes y me reí en otras...pero por sobre todo pensé en usted con cada palabra.

Aunque quizá nunca lleguemos a conocernos en persona, Dios puso en mí un gran sentido de compasión por usted, cuando vertió este mensaje a través de mi corazón y en cada palabra escrita. Comprendo profundamente el dolor que acosa el corazón de quien fue rechazada.

Oro para que haya podido sentir mi amor por usted en cada una de las páginas. Escribí este mensaje porque yo lo necesitaba más que todas. Pero deseo que mis pensamientos y revelaciones de Jesús la hayan confortado y ayudado a ser maravillosamente libre.

Ahora que hemos sido honestas y valientes para analizar el rechazo desde todos los ángulos, hay una última parte que quisiera que consideremos. En medio del rechazo, es muy difícil pensar que quizá estemos haciendo algo que añade tensión a la situación. Por lo general, es mucho más sencillo identificar cuando otros se equivocan y nos hieren. Pero ahora que hemos progresado juntas en *Sin invitación*, es un lugar seguro para verdaderamente analizarnos a nosotras mismas al preguntarnos: "¿Cómo es vivir conmigo?".

Por lo tanto, escribí un capítulo extra que nos ayudará a través de este proceso. Para serle honesta, quizá haya escrito este capítulo solo para mí. Porque amigas, en serio, tengo puntos ciegos. Y la gente con la que me relaciono probablemente sea más consciente de ellos que yo.

Pero solo en caso de que crea que también podría servirle, este capítulo se complementa con una pequeña evaluación que puede tomar luego.

Así que si se siente valiente, abramos intencionalmente nuestros corazones. Pidámosle al Señor que nos muestre aquello sobre lo que quiere hablarnos. Y luego demos vuelta la página juntas.

Con amor,

Lysa

¿Cómo realmente es vivir conmigo? Es una pregunta fascinante. Quisiera que la respuesta sea: *¡Asombroso! ¡Maravilloso! ¡Lo mejor!*

Y en algunas ocasiones, quizá sea verdad. Pero cada vez que me quedo sin invitación, es un buen momento para retroceder un paso y revaluar algunas cosas. Y no se trata solo de los demás. Creo que la mayoría de nosotras somos propensas a creer que fueron los problemas de las otras personas los que causaron que nos rechacen. Y quizá sea cierto. Pero creo que un uso más productivo de nuestro tiempo es revaluar algunos aspectos sobre nosotras mismas.

He tropezado con suficientes baches en mis relaciones como para saber que tengo mi propia serie de imperfecciones y complicaciones. Podría tratar de dar una explicación convincente sobre las duras realidades en cuanto a los obstáculos y las rupturas con las demás, o podría intentar mirar algunos posibles patrones en mí y prestar atención. Y por prestar atención quiero decir escuchar, realmente escuchar.

Hay una historia que mi pasado necesita contarle a mi presente.

Y, honestamente, puede que existan algunas cosas que otros hayan tratado de decirme que no podía o no quería oírlas. Reflexioné seriamente sobre esto cuando una nueva amiga quien tenía problemas de audición fue de inspiración para mi vida.

Me encontraba en una conferencia cristiana, sentada tras bastidores y sintiendo el nerviosismo usual del comienzo, cuando la coordinadora del evento me preguntó si podía usar un dispositivo plástico oblongo enganchado en mi camisa. Creyendo que era una versión moderna del micrófono de solapa, le expliqué que solo usaría el micrófono de mano, por lo tanto, no sería necesario uno ajustable.

Una mirada inquieta cruzó su rostro. Prosiguió a explicarme que había una mujer en la audiencia quien preguntó si yo podía usar dicho dispositivo como un favor especial a fin de que pudiera escuchar mejor mi mensaje.

Por supuesto que quería hacerle el favor a este miembro de la congregación. Pero al no comprender muy bien la situación, empecé a preocuparme. No quería que mi blusa colgara o se estirara en lugares que me hiciera sentir avergonzada, y no parecía haber una manera discreta de usar el nuevo dispositivo. Créame, he estado en muchas situaciones embarazosas arriba de la plataforma, y trato de evitar agregar más historias como estas a mi vida.

Pensando en otras soluciones posibles, fui a buscar al sonidista. Le pregunté si podía sujetar el dispositivo en el atril o en mi Biblia, siempre y cuando permaneciera lo suficientemente cerca para que funcionara correctamente.

Fue allí cuando obtuve más información.

Por cuarenta y cinco años, esta mujer de la congregación nunca había sido capaz de oír un sermón. Ni siquiera había podido oír una oración. Su doctor había estado trabajando en este dispositivo especial el cual enviaría el sonido de mi voz de manera magnificada directamente a sus audífonos, permitiéndole así escuchar como nunca antes.

Usar este micrófono no era solo un favor especial. Se trataba de un evento épico en la vida de esta mujer. Ahora que había oído la historia completa, me sentí una tonta por preocuparme por mi camisa. Sujeté el dispositivo directamente debajo de mi mentón, sin importarme en absoluto si mi camisa se corriera de lugar.

Subí a la plataforma y de inmediato le pregunté a mi nueva amiga si podía oírme. Con ojos parpadeantes y una sonrisa enorme, asintió con su cabeza. Varias veces durante el mensaje, las lágrimas corrían por sus mejillas. Al igual que su amiga. Cuando concluí con una oración, sabía que había obtenido una victoria increíble en su lucha de toda la vida.

Es asombroso el regalo de la audición. Le puedo asegurar que de los cientos de personas en la congregación aquel día, no había nadie que estuviera escuchando más atentamente que mi amiga con el dispositivo. Ella sabía que necesitaba ayuda para poder oír. El dispositivo la ayudaba a llenar un espacio que no podía llenar por sí misma. Cuando hizo uso del mismo, fue capaz de escuchar…escuchar de verdad.

Desearía que hubiera algún dispositivo que pudiera usar para convertirme en una mejor oyente. No porque tenga problemas de audición. No, me refiero a realmente poder escuchar para volverme más consciente de los aspectos a los que me refería anteriormente y que estoy segura de que otros desearían que escuchara.

Escuchar o no escuchar en mi elección. Al igual que cuando Dios llamó al profeta Ezequiel. Se le advirtió que los exiliados eran obstinados, inconmovibles y rebeldes. "Ahora ve adonde están exiliados tus compatriotas. Tal vez te escuchen, tal vez no; pero tú adviérteles: 'Así dice el Señor omnipotente'" (Ezequiel 3:11). Estas personas no estaban dispuestas a escuchar al profeta, porque en definitiva no estaban dispuestas a escuchar a Dios. *Auch*.

No quisiera que esto se diga sobre mí. Pero debo admitir que hay veces cuando no escucho lo que otros tratan de decirme.

Este no es un capítulo divertido. Después de todo, en el contexto de este libro sobre sanidad del rechazo, no quiero examinarme internamente. Se siente algo mejor culpar a otros por hacerme sentir ignorada y sola. Es difícil aceptar: "Puedo ser parte del problema aquí". Pero si deseo que las cosas mejoren, necesito examinarme con un ojo crítico.

Las personas más frustradas son aquellas que sienten que sus vidas solo podrán mejorar cuando otros se esfuercen por hacer las cosas bien. Esto resulta un problema dado que no podemos controlar a los demás. Una visión del cambio más productiva es analizar los aspectos que nosotras necesitamos cambiar. Es cierto, otros pueden también necesitar realizar algunos ajustes. Sin embargo, por ahora prosigamos a examinarnos a nosotras mismas y escuchar lo que esto puede revelarnos.

Regreso a mi pregunta original: "¿Cómo realmente es vivir conmigo?".

Hay una serie de versículos maravillosos que se encuentran en Proverbios 4:20–27. Me gusta mirar el libro de Proverbios para examinar mi manera de pensar actual en el marco de la verdadera sabiduría de Dios. Supongo que puede decirse que sirve como un dispositivo de audición espiritual para escuchar la verdad. "Proverbios proporciona tanto el objetivo como la ruta. El objetivo es vivir de manera exitosa y la ruta es el camino de la sabiduría".[1]

Si mi objetivo es buscar tener relaciones más exitosas, la sabiduría del libro de Proverbios es una gran ruta para tomar. Proverbios 4:20–22 es un llamado a la sabiduría:

> Hijo mío, atiende a mis consejos;
> escucha atentamente lo que digo.
> No pierdas de vista mis palabras;
> guárdalas muy dentro de tu corazón.
> Ellas dan vida a quienes las hallan;
> son la salud del cuerpo.

Los versículos 23 al 27 son como una especie de lista de verificación:

- ❏ Por sobre todas las cosas cuida tu corazón, porque de él mana la vida.
- ❏ Aleja de tu boca la perversidad; aparta de tus labios las palabras corruptas.
- ❏ Pon la mirada en lo que tienes delante; fija la vista en lo que está frente a ti.
- ❏ Endereza las sendas por donde andas; allana todos tus caminos. No te desvíes ni a diestra ni a siniestra; apártate de la maldad.

Desarrollemos a continuación esta lista.

"Por sobre todas las cosas cuida tu corazón, porque de él mana la vida"

Esto tiene que ver con mi actitud

¿Alguna vez interactuó con un sabiondo? Los sabiondos se consideran expertos residentes en casi todos los tópicos y son muy atrevidos con sus opiniones. De hecho, no creen que los pensamientos que expresan sean opiniones en absoluto. Sienten que todo lo que comparten son hechos absolutos y carecen de toda timidez al lanzar ideas contradictorias.

¿Se le vino alguien a la mente mientras leyó esa descripción? ¡A mí también! A decir verdad, conozco a varias personas que encuadran con esta descripción.

Lo sé, lo sé, no la describe a usted a la perfección. Pero ¿qué parte sí lo hace? Por lo general, al menos una relación expone la sabionda que hay en nosotras. Busque darse cuenta, aunque sea solo un indicio, y determine tratar de hacer algo la próxima vez que comience a suceder.

Guarde su corazón de las pendientes resbaladizas.

Uno de los factores más perjudiciales en las relaciones es el orgullo. La necesidad de ser la experta, la que está en lo correcto, la más informada nos arrastra hasta el pozo del orgullo en donde probablemente nunca reconozcamos nuestra condición. Y debido a que el orgullo es tan difícil de ver, he aquí una clave para saber que está presente: cuanto menos creamos que necesitemos abordar el orgullo en nuestras vidas, mayores posibilidades hay de que ya nos haya cegado.

Cuanto menos creamos que necesitemos abordar el orgullo en nuestras vidas, mayores posibilidades hay de de que ya nos haya cegado.

Cielos, esa es una oración dolorosa de escribir, porque me obliga a examinar algo que simplemente no quiero ver o reconocer. Pero aquí le comparto algunos versículos que me ayudan a orar al respecto y a pedirle a Dios que abra mis ojos y mis oídos espirituales:

- "Uzías se volvió arrogante, lo cual lo llevó a la desgracia. Se rebeló contra el Señor" (2 Crónicas 26:16).

- "El malvado levanta insolente la nariz, y no da lugar a Dios en sus pensamientos" (Salmo 10:4).
- "Por los pecados de su boca, por las palabras de sus labios, que caigan en la trampa de su orgullo" (Salmo 59:12).
- "Con el orgullo viene el oprobio; con la humildad, la sabiduría" (Proverbios 11:2).
- "El orgullo solo genera contiendas, pero la sabiduría está con quienes oyen consejos" (Proverbios 13:10).
- "Al orgullo le sigue la destrucción; a la altanería, el fracaso" (Proverbios 16:18).

Debemos guardar nuestros corazones del orgullo. De lo contrario, el orgullo corromperá todo lo que hagamos, digamos o pensemos. Ciertamente, existen otras cosas de las cuales necesitamos guardar nuestros corazones, pero el orgullo es tan cegador que jamás las veremos ni seremos receptivas a escucharlas si no lo abordamos primero. Entonces podremos ver y escuchar las otras cosas con humildad.

"Aleja de tu boca la perversidad; aparta de tus labios las palabras corruptas"

Esto tiene que ver con mi tendencia a acercarme o alejarme de las palabras afirmativas.

¿Nuestras palabras edifican o destruyen?

Imagínese un puente encima de un enorme cañón. Usted está parada en uno de los extremos, y un ser querido está en el otro. Cada vez que deshonra a esa persona con sus palabras, remueve una viga del puente. Al principio puede parecer algo intrascendente. Todavía puede circular pasando por alto los espacios. Pero con el tiempo, los espacios se convierten en enormes agujeros, provocando que el trayecto de la otra persona sea traicionero. Cruzar del otro lado comienza a resultar cada vez más imposible.

Es un panorama desalentador, ¿cierto?

Si deseo mantener mi puente firme, existen algunos factores que necesito evaluar sobre la manera en que estoy usando mis palabras. Por ejemplo:

• Cuestionar ciertas acciones sin tener todos los hechos.
• Asumir lo peor acerca de sus intenciones, en lugar de creer lo mejor.
• Emplear un tono crítico cuando se analizan las posibilidades sobre el futuro de alguien.
• Necesitar decir: "Te lo dije" cuando alguien toma un camino equivocado.
• Competir con los logros de otra persona en vez de celebrarlos.
• Procesar mis pensamientos sobre alguien con otros antes de hablar directamente con esa persona.
• Ver los problemas del otro con destacada claridad mientras que pienso que los míos son meras sombras en comparación.

Cada uno de estos factores remueve las vigas una por una de nuestro puente. Los agujeros se pueden reparar, pero tomará tiempo y un gran esfuerzo reconstruir con palabras afirmativas aquello que la negatividad ha erosionado. He aquí algunas preguntas con las cuales comenzar:

• "¿Me ayudarías a entender cuál es la mejor manera de alentarte?".
• "Cuando no estamos de acuerdo, ¿cuál es la mejor manera de acercarnos a una conciliación?".
• "¿Qué cosas te gustaría que no hiciera cuando debatimos determinados problemas?".
• "¿Hay algún área en tu vida en la que pueda apoyarte más?".
• "¿Qué cosas en tu vida desearías que podamos celebrar juntos?".

- "¿Cómo podemos priorizar nuestra relación en este tiempo?".

- "¿Tenemos algún confidente mutuo, amigo o consejero quien sea lo suficientemente maduro para ayudarnos a diseñar estrategias para mejorar nuestra relación?".

Este es solo el comienzo de una lista positiva. Continúe desarrollándola a medida que reflexione al respecto. ¡Estas vigas afirmativas contribuirán en gran medida a darle un buen uso a sus palabras!

"Pon la mirada en lo que tienes delante; fija la vista en lo que está frente a ti"

Esto desafía mi altitud

Una amiga mía recientemente me contó que se expuso a una evaluación de 360 grados. Pensé que se oía interesante, así que le pedí que me explicara de qué se trataba. Básicamente, a fin de incrementar su habilidad para ver las cosas desde la perspectiva de otra persona, tenía que identificar los problemas desde sus propios puntos ciegos.

Como seguidoras de Jesús, somos seguidoras de la sabiduría. Al fijar la vista en lo que está frente a nosotras y mirar lo que tenemos adelante nos ayuda a enfocarnos en la sabiduría y no ser engañadas por nuestra propia ceguera y suposiciones. Cuando no busco comprender lo que realmente quieren las personas, me distraigo de la sabiduría y soy atraída a la necedad.

La sabiduría procura entender el punto de vista del otro incluso si no coincido con su perspectiva. Pero únicamente desde sus perspectivas podrá elaborar estrategias para encontrar un punto en común con los demás. La necedad se niega a reconocer que existe otra manera de ver las cosas además de la mía. Finalmente, las personas levantarán barreras para excluir de sus vidas esta clase de necedad agotadora.

Mi esposo y yo realmente hemos tenido que trabajar duro sobre este aspecto en nuestra relación. Yo soy de la clase de mujeres a la que le gusta lograr que algo se haga y luego ocuparme de los pequeños detalles. Él es el típico hombre que escribe cada paso porque ningún detalle es demasiado pequeño para convertirse en un gran problema.

Recientemente, estuvimos ayudándole a una de nuestras hijas a analizar la compra de su primera casa. Mi hija y yo calculamos los números para llegar a lo que sería una cuota hipotecaria razonable. Y luego estimamos todos los otros servicios mensuales relacionados y estábamos listas para avanzar. Encontramos una gran oportunidad con una casa que se ajustaba a su presupuesto y creíamos haber discutido todos los detalles necesarios.

Creía que Art se emocionaría con toda nuestra gestión cuando verbalmente le presentáramos nuestra propuesta en busca de su apoyo. Él quería todo por escrito de comienzo a fin. Yo podría haber diferido, segura de que habíamos hecho lo que debía hacerse y simplemente excluirlo del resto del proceso.

Pero cuando me forcé a mí misma a mirar las cosas desde su perspectiva, vi que era sabio tomarse el tiempo para anotar todo mucho más detalladamente que nuestra simple versión de calcular los costos. No logramos ser tan detallistas como lo habría sido él, pero nos encontramos en un punto en común de volcar más información por escrito de la que teníamos.

Me elevé por encima de mi propia perspectiva para identificar que la suya tenía una altitud mayor desde la cual ver el panorama completo. De haberme mantenido firme y rehusado a hallar un punto en común, habríamos pasado por alto algunos gastos que con el tiempo podían haberle causado a nuestra hija algunos problemas financieros. Finalmente, ajustamos su presupuesto reformado para que tenga éxito.

"Endereza las sendas por donde andas; allana
todos tus caminos. No te desvíes ni a diestra
ni a siniestra; apártate de la maldad"

Esto se trata sobre mis acciones

Muy bien, la última evaluación. Ahora que hemos sido dili-
gentes con nuestra actitud, nuestras palabras afirmativas y
nuestra altitud, debemos analizar nuestras *acciones* pasadas y
presentes. A veces cuando me desvío de la sabiduría, tengo que
retroceder para revaluar mis acciones pasadas a fin de avanzar
en la restauración de mis relaciones presentes. Para lograrlo
debemos retroceder, retractarnos y recalcular.

- **Retroceder:** Admitir que nos hemos equivocado. Si
  somos lo suficientemente valientes para comenzar con
  el proceso de restauración al asumir que estuvimos
  equivocadas, comenzarán a allanarse otros lugares
  escabrosos.
- **Retractarse:** Pedir perdón. Esto le brindará a la otra
  persona un lugar de seguridad en el cual pararse
  mientras considera el próximo paso.
- **Recalcular:** Mostrarle a esa persona que el
  comportamiento por el cual le pedimos perdón
  constituye un área en donde estamos consiguiendo
  mejorar y quebrar algunos patrones tóxicos.

Estoy tan agradecida de que la Palabra de Dios me ayuda a ver
las cosas a las que necesito prestarles atención.

Nada le causará una laringitis emocional como vivir cerca
de alguien que se niega a escuchar. Tener emociones pero no
voz ahogará la vida de sus relaciones. Cuán trágico para los que
son silenciados. Pero también qué trágico para los silenciado-
res, quienes desperdician tanta riqueza de la relación.

Vaya…hemos abarcado un montón en este capítulo extra.
No me imagino leer esta sección solo una vez. Sé que repa-
saré todo lo que hemos procesado una y otra vez, a medida

La *sabiduría* procura

entender el punto de vista

del otro incluso

si no coincido con

su *perspectiva*.

que mis relaciones vayan progresando. Aprender a escuchar requiere estrategias para mejorar nuestra audición. Del mismo modo que la vida de mi amiga cambió cuando le entregaron el dispositivo auditivo, oro para que esta sección revitalice sus relaciones.

Y la próxima vez que formule la pregunta: "¿Cómo realmente es vivir conmigo?", espero que la respuesta la haga sonreír, al igual que a sus seres amados.

¿Cómo es vivir conmigo?
Evaluación

INSTRUCCIONES: Ya leyó "¿Cómo es vivir conmigo?" y ahora es momento de realizar su evaluación personal. Al lado de cada afirmación en la siguiente lista, anote si la misma es verdadera o falsa la mayor parte del tiempo. Luego, cubra sus respuestas y pídale a una amiga de confianza o a algún miembro de la familia que escriban sus respuestas acerca de usted en la página siguiente. Al final, compare los dos grupos de respuestas para ver realmente cómo es vivir con usted. Asegúrese de que ambos tengan tiempo después de haber completado la evaluación para hablar sobre sus respuestas y de qué maneras podría mejorar en las áreas que necesiten atención.

Haga esta oración antes de comparar ambos grupos de respuestas:

Señor, gracias por el don del refinamiento. Te agradezco por extender tu gracia sobre mi vida porque realmente la necesito. Gracias por _____, quien tan gentilmente quiere ayudarme a convertirme en una mejor versión de mí. Te pido que me des las fuerzas para leer estas respuestas sin vacilar, sin dolor ni prejuicios. Ayúdame a ver tu guía a través de esta evaluación, y muéstrame las áreas en las que necesito crecer. Quiero llevar la plenitud de tu presencia adondequiera que vaya y con quien quiera que me encuentre. En el nombre de Jesús, amén.

EVALUACIÓN PERSONAL

VERDADERO	FALSO	
		Mis amigos y mi familia saben que pueden contar conmigo para que los anime y los apoye.
		Soy una persona accesible y otros pueden confrontarme cuando los haya ofendido.
		Soy la primera en disculparse.
		Pronta para extender gracia y comprensión.
		En una conversación, escucho atentamente y espero mi turno para hablar.
		Tengo una mayor tendencia a conceder el perdón y presentar dificultades para decir la verdad.
		Tengo una mayor tendencia a decir la verdad y presentar dificultades para conceder el perdón.
		Reconozco cuando otros tienen una mejor idea que la mía.
		Otros sienten que comprendo y respeto sus opiniones incluso cuando estoy en desacuerdo.
		Celebro los logros de los demás, incluso cuando no haya experimentado ningún logro en lo personal.
		Proceso mis pensamientos antes de hablarle directamente a alguien, en especial en un debate polémico.
		Asumo lo mejor en lugar de lo peor.
		Soy auténtica independientemente de mi entorno.
		Pronta para perdonar sin guardar rencor.
		Existen tópicos o emociones negativas sobre los que prefiero no hablar.

EVALUACIÓN DE UN TERCERO ACERCA DE USTED

VERDADERO	FALSO	
		Sé que puedo contar con mi amiga para que me brinde ánimo y apoyo.
		Mi amiga es una persona accesible y es fácil para mí confrontarla cuando me haya ofendido.
		Mi amiga es la primera en disculparse.
		Pronta para extender su gracia y comprensión.
		En una conversación, mi amiga escucha atentamente y espera su turno para hablar.
		Mi amiga tiene una mayor tendencia a conceder el perdón y presentar dificultades para decir la verdad.
		Mi amiga tiene una mayor tendencia a decir la verdad y presentar dificultades para conceder el perdón.
		Mi amiga reconoce cuando otros tienen una mejor idea que la suya.
		Siento que mi amiga comprende y respeta mis opiniones incluso cuando está en desacuerdo.
		Mi amiga celebra los logros de los demás, incluso cuando no haya experimentado ningún logro propio.
		Mi amiga procesa sus pensamientos antes de hablarle directamente a alguien, en especial en un debate polémico.
		Mi amiga asume lo mejor en lugar de lo peor.
		Puedo confiar en que mi amiga es auténtica independientemente de su entorno.
		Pronta para perdonar sin guardar rencor.
		Existen tópicos o emociones negativas sobre los que mi amiga prefiere no hablar.

Para obtener otros recursos útiles y una versión imprimible de esta evaluación, puede visitar www.uninvitedbook.com.

TABLA DE LA EXPERIENCIA CORRECTIVA

Existe la redención del otro lado del rechazo si declaramos las promesas de Dios en nuestras vidas. Las verdades reconfortantes de Dios me han ayudado a cambiar mi enfoque del sufrimiento a la esperanza, y esto ha sido uno de los consuelos más agradables para mi alma. He aquí cómo lograrlo. En la columna del lado de la izquierda, escriba sus sentimientos relacionados con el rechazo. Luego, en la columna de la derecha, escriba una promesa de la Escritura la cual pueda reencauzar ese sentimiento. Se detallan a continuación algunas promesas a modo de ejemplo, o usted puede hallar otras realizando su propia búsqueda a través de las Escrituras.

SENTIMIENTO	PROMESA DE LA ESCRITURA
Ejemplo: *Despreciada*	Porque eres pueblo consagrado al Señor tu Dios. Él te eligió de entre todos los pueblos de la tierra, para que fueras su posesión exclusiva. (Deuteronomio 14:2, NVI) Otras posibilidades: Salmo 34:5–9, 18; Salmo 37:4; Salmo 91:1; Isaías 43:1–3; Isaías 61; Sofonías 3:17; Juan 15:7; Romanos 8:31–39; Filipenses 1:6; Hebreos 13:5–6

SENTIMIENTO	PROMESA DE LA ESCRITURA

Elija una de las promesas que haya identificado anteriormente. Escríbala en alguna parte en donde la vea varias veces al día. También he encontrado útil leer estas promesas en voz alta hasta que se vuelvan un nuevo guion para mi corazón y mi mente. Para obtener una versión imprimible de esta tabla, puede visitar www.uninvitedbook.com.

Una nota de Lysa

Querida amiga:

Para algunas de ustedes este libro habrá sido exactamente lo que necesitaban para acompañarlas a través de algún momento difícil o ayudarlas a sanar ciertas heridas del pasado. Pero para otras este libro quizá sea el punto de partida para su sanidad. Debido a que no soy consejera profesional y este libro no remplaza la terapia, quisiera que tenga en cuenta que existen algunas realidades difíciles en la vida en las que será conveniente que recurra a un psicoterapeuta cristiano para que la ayude a atravesarlas. Por favor, sea honesta en cuanto a su necesidad de ayuda psicoterapéutica. Estoy tan agradecida por los profesionales quienes tan amorosamente me guiaron a superar mis días más oscuros. Siempre ha sido muy importante para mí que los profesionales a los que he asistido tengan una relación profundamente comprometida con Jesús y que entiendan que la batalla se debe luchar tanto en el campo físico como en el espiritual. Estaré orando por usted mi querida amiga y confío en que orará también por mí.

Con cariño,
Lysa

Reconocimientos

Mi mayor deseo al escribir *Sin invitación* era abordar de manera delicada un tema tan difícil como es el rechazo, utilizando verdades y perspectivas bíblicas porque personalmente necesitaba estas revelaciones. A lo largo de los años, había empezado a percibir que los rechazos de mi pasado me estaban afectando más de lo que me daba cuenta. Y estaba manejando los rechazos del presente (grandes o pequeños) con heridas que se iban agravando.

Agradezco al Señor por colocar a personas en mi vida con quienes procesar esos sentimientos y compartir también sus propios sufrimientos. De diversas maneras, sus huellas digitales aparecen en todo este libro. Doy gracias a Dios por entrelazar estas vidas con la mía.

Jackson, Amanda, Mark, Theresa, Hope, Michael, Ashley, David, Brooke, Paige y Philecia...mis bendiciones prioritarias y a quienes amo muchísimo.

Colette...el impacto de tu amistad sobre mi vida es inmensurable. Gracias por extenderme siempre tu invitación y compartir tu hermoso hogar en donde se escribieron muchas de estas palabras.

Leah, Lindsay, Kristen, Kimberly...no podría haberlo logrado sin su amor, risas y talentos.

Meredith...eres verdaderamente asombrosa y talentosa sin medida.

Barb, Lisa A., Glynnis, Amy, Danya, Melissa, Alison, Lindsey, Kaley, Meg, Krista, Lauren, Whitney y a todas las chicas de Ministerios Proverbios 31... son el mejor equipo.

El comité P31... son las personas más listas que conozco.

Pastor y mi familia en Elevation... relacionarme con ustedes es un regalo.

Pastor Chris y Tammy... los aprecio a ambos enormemente. Gracias por permitirme ser parte de su familia con tanto amor incondicional y aceptación.

Lisa C. y Lori G....dulces bendiciones de parte de Dios.

El grupo "In the Loop"... hacen que el ministerio sea tan divertido y significativo.

Jeff, Tiffany, Aryn, Stephanie, Brian, Jessica, Janene, Chad... es uno de mis mayores gozos trabajar con todos ustedes.

Escrituras

Capítulo 2: Tres preguntas para considerar

[Soy uno de los] escogidos de Dios, santos y amados (Colosenses 3:12).

Dios miró todo lo que había hecho, y consideró que era muy bueno. Y vino la noche, y llegó la mañana: ese fue el sexto día (Génesis 1:31).

Porque también la creación misma será libertada de la esclavitud de corrupción, a la libertad gloriosa de los hijos de Dios (Romanos 8:21, RVR1960).

¡Canten delante del Señor, que ya viene!
¡Viene ya para juzgar la tierra!
Y juzgará al mundo con justicia, y a los pueblos con
fidelidad (SALMO 96:13).

Ahora bien, sabemos que Dios dispone todas las cosas para el bien de quienes lo aman, los que han sido llamados de acuerdo con su propósito (Romanos 8:28).

Los que viven conforme a la naturaleza pecaminosa fijan la mente en los deseos de tal naturaleza; en cambio, los que viven conforme al Espíritu fijan la mente en los deseos del Espíritu. La mentalidad pecaminosa es muerte, mientras que la mentalidad que proviene del Espíritu es vida y paz (Romanos 8:5–6).

Al de carácter firme lo guardarás en perfecta paz,
   porque en ti confía.
Confíen en el Señor para siempre,
   porque el Señor es una Roca eterna (Isaías 26:3–4).

Capítulo 3: Hay una mujer en el gimnasio que me odia

Jehová está en medio de ti, poderoso, él salvará; se gozará sobre ti con alegría, callará de amor, se regocijará sobre ti con cánticos (Sofonías 3:17, rvr1960).

"Si permanecéis en mí, y mis palabras permanecen en vosotros, pedid lo que queráis y os será hecho" (Juan 15:7, lbla).

Deléitate en el Señor, y él te concederá los deseos de tu corazón (Salmo 37:4).

El que habita al abrigo del Altísimo se acoge a la sombra del Todopoderoso (Salmo 91:1).

"Designó a doce, a quienes nombró apóstoles, para que lo acompañaran y para enviarlos a predicar y ejercer autoridad para expulsar demonios" (Marcos 3:14–15).

Capítulo 4: Sola en una habitación concurrida

Por esta razón me arrodillo delante del Padre, de quien recibe nombre toda familia en el cielo y en la tierra. Le pido que, por medio del Espíritu y con el poder que procede de sus gloriosas riquezas, los fortalezca a ustedes en lo íntimo de su ser, para que por fe Cristo habite en sus corazones. Y pido que, arraigados y cimentados en amor, puedan comprender, junto con todos los santos, cuán ancho y largo, alto y profundo es el amor de Cristo; en fin, que conozcan ese amor que sobrepasa nuestro conocimiento, para que sean llenos de la plenitud de Dios (Efesios 3:14–19).

Pero ¿qué sucede cuando vivimos conforme a la voluntad de Dios? Él produce dones en nuestras vidas, del mismo modo que los frutos crecen en el huerto, tales como el amor fraternal, el entusiasmo por la vida, la serenidad. Desarrollamos una disposición a aferrarnos a las cosas, un sentido de compasión en el corazón y la convicción de que una santidad esencial impregna las cosas y a las personas. Nos encontramos a nosotros mismos involucrados en compromisos leales, sin la necesidad de forzar nuestro modo de vida, capaces de administrar y dirigir nuestra energía con sabiduría.

El legalismo no puede hacer nada al respecto, solo se interpone en el camino. Para los que pertenecen a Cristo, todo lo que concierne a hacer nuestra propia voluntad y responder sin pensar a lo que todos los demás llaman necesidades es eliminado para siempre: crucificado.

Dado que esta es la clase de vida que hemos escogido, la vida del Espíritu, procuremos que no sea solo una idea en nuestras mentes o un sentimiento en nuestros corazones, sino que resolvamos sus implicaciones en cada detalle de nuestras vidas (Gálatas 5:22–25, The Message) [El Mensaje].

Capítulo 5: Hola, mi nombre es Problemas de Confianza

El Señor es mi pastor, nada me falta;
    en verdes pastos me hace descansar.
Junto a tranquilas aguas me conduce;
    me infunde nuevas fuerzas.

Me guía por sendas de justicia
   por amor a su nombre.

Aun si voy por valles tenebrosos,
   no temo peligro alguno
   porque tú estás a mi lado;
tu vara de pastor me reconforta.

Dispones ante mí un banquete
   en presencia de mis enemigos.
Has ungido con perfume mi cabeza;
   has llenado mi copa a rebosar.

La bondad y el amor me seguirán
   todos los días de mi vida;
y en la casa del Señor
   habitaré para siempre (Salmo 23).

¿Qué diremos frente a esto? Si Dios está de nuestra parte, ¿quién puede estar en contra nuestra? (Romanos 8:31).

Pues Dios ha dicho: "Nunca te fallaré. Jamás te abandonaré". Así que podemos decir con toda confianza: "El Señor es quien me ayuda, por tanto, no temeré. ¿Qué me puede hacer un simple mortal?" (Hebreos 13:5-6, ntv).

El Señor es mi luz y mi salvación; ¿a quién temeré? El Señor es el baluarte de mi vida; ¿quién podrá amedrentarme? (Salmo 27:1).

Capítulo 6: Amistades rotas

Porque nuestra lucha no es contra seres humanos, sino contra poderes, contra autoridades, contra potestades que dominan este mundo de tinieblas, contra fuerzas espirituales malignas en las regiones celestiales (Efesios 6:12).

Capítulo 7: Cuando nos arrebatan nuestra normalidad

"Señor mío, sobre mí sea el pecado" (1 Samuel 25:24, RVR1960).

Capítulo 8: La experiencia correctiva

—¿Y quién es ese tal David? ¿Quién es el hijo de Isaí? Hoy día son muchos los esclavos que se escapan de sus amos. ¿Por qué he de compartir mi pan y mi agua, y la carne que he reservado para mis esquiladores, con gente que ni siquiera sé de dónde viene?

Los hombres de David se dieron la vuelta y se pusieron en camino. Cuando llegaron ante él, le comunicaron todo lo que Nabal había dicho (1 Samuel 25:10–12).

Yo le ruego que perdone el atrevimiento de esta servidora suya. Ciertamente, el Señor le dará a usted una dinastía que se mantendrá firme, y nunca nadie podrá hacerle a usted ningún daño, pues usted pelea las batallas del Señor. Aun si alguien lo persigue con la intención de matarlo, su vida estará protegida por el Señor su Dios, mientras que sus enemigos serán lanzados a la destrucción (1 Samuel 25:28–29).

Capítulo 9: ¿Por qué duele tanto el rechazo?

Con el orgullo viene el oprobio; con la humildad, la sabiduría (Proverbios 11:2).

Humíllense, pues, bajo la poderosa mano de Dios, para que él los exalte a su debido tiempo (1 Pedro 5:6).

Y él da gracia con generosidad. Como dicen las Escrituras: "Dios se opone a los orgullosos pero da gracia a los humildes" (Santiago 4:6, NTV).

Al fracaso lo precede la soberbia humana; a los honores los precede la humildad (Proverbios 18:12).

"Si mi pueblo, que lleva mi nombre, se humilla y ora, y me busca y abandona su mala conducta, yo lo escucharé desde el cielo, perdonaré su pecado y restauraré su tierra" (2 Crónicas 7:14).

"Yo (Juan el Bautista) no soy el Mesías, sino uno que ha sido enviado delante de él. En una boda, el que tiene a la novia es el novio; y el amigo del novio, que está allí y lo escucha, se llena de alegría al oírlo hablar. Así también mi alegría es ahora completa. Él ha de ir aumentando en importancia, y yo disminuyendo" (Juan 3:28–30, DHH).

"Por esta razón mi copa está rebosando. Es el momento en el que él ocupa el lugar central, mientras que yo me hago a un lado" (Juan 3:29–30, THE MESSAGE) [El mensaje].

Todo tiene su momento oportuno; hay un tiempo para todo lo que se hace bajo el cielo…un tiempo para callar, y un tiempo para hablar (Eclesiastés 3:1, 7).

"SEÑOR Todopoderoso, si te dignas mirar la desdicha de esta sierva tuya, y si en vez de olvidarme te acuerdas de mí…yo te…" (1 Samuel 1:11).

Penina, su rival, solía atormentarla para que se enojara, ya que el SEÑOR la había hecho estéril (1 Samuel 1:6).

"*Aconteció que al cumplirse el tiempo*, después de haber concebido Ana, dio a luz un hijo" (1 Samuel 1:20, RVR1960, énfasis añadido).

Capítulo 10: El éxito de las demás no amenaza el mío

"Porque cual es su pensamiento en su corazón, tal es él".
(Proverbios 23:7, RVR1960)

Sin embargo, gracias a Dios que en Cristo siempre nos lleva triunfantes y, por medio de nosotros, esparce por todas partes la fragancia de su conocimiento (2 Corintios 2:14).

"Sean fructíferos y multiplíquense" (Génesis 1:28).

"Pero si tenéis celos amargos y contención en vuestro corazón, no os jactéis, ni mintáis contra la verdad; porque esta sabiduría no es la que desciende de lo alto, sino terrenal, animal, diabólica" (Santiago 3:14–15, RVR1960).

Y Dios puede hacer que toda gracia abunde para ustedes, de manera que siempre, en toda circunstancia, tengan todo lo necesario, y toda buena obra abunde en ustedes (2 Corintios 9:8).

No mirando cada uno por lo suyo propio, sino cada cual también por lo de los otros (Filipenses 2:4, RVR1960).

"La cosecha es grande, pero los obreros son pocos. Así que oren al Señor que está a cargo de la cosecha; pídanle que envíe más obreros a sus campos" (Lucas 10:2, NTV).

Capítulo 11: Diez cosas que debe recordar cuando la rechacen

Bendeciré al Señor en todo tiempo;
   mis labios siempre lo alabarán.
Mi alma se gloría en el Señor;
   lo oirán los humildes y se alegrarán.

Engrandezcan al Señor conmigo;
  exaltemos a una su nombre.
Busqué al Señor, y él me respondió;
  me libró de todos mis temores (Salmo 34:1–4).

Radiantes están los que a él acuden;
  jamás su rostro se cubre de vergüenza (Salmo 34:5).

Por tanto, digo: "El Señor es todo lo que tengo. ¡En él esperaré!" Bueno es el Señor con quienes en él confían, con
todos los que lo buscan. Bueno es esperar calladamente
que el Señor venga a salvarnos (Lamentaciones 3:24–26).

El ángel del Señor acampa en torno a los que le temen;
a su lado está para librarlos.

Prueben y vean que el Señor es bueno;
  dichosos los que en él se refugian.
Teman al Señor, ustedes sus santos,
  pues nada les falta a los que le temen.
Los leoncillos se debilitan y tienen hambre,
  pero a los que buscan al Señor nada les falta.
                                        (Salmo 34:7–10)

Vengan, hijos míos, y escúchenme,
  que voy a enseñarles el temor del Señor (Salmo 34:11).

El que quiera amar la vida
  y gozar de días felices,
que refrene su lengua de hablar el mal
  y sus labios de proferir engaños (Salmo 34:12–13).

El Señor afirma los pasos del hombre
  cuando le agrada su modo de vivir;
podrá tropezar, pero no caerá,
  porque el Señor lo sostiene de la mano (Salmo 37:23–24).

"Pero a ustedes que me escuchan les digo: Amen a sus enemigos, hagan bien a quienes los odian, bendigan a quienes los maldicen, oren por quienes los maltratan" (Lucas 6:27–28).

Los justos claman, y el Señor los oye;
los libra de todas sus angustias (Salmo 34:17).

El Señor está cerca de los quebrantados de corazón,
y salva a los de espíritu abatido (Salmo 34:18).

El hombre honrado pasa por muchos males,
pero el Señor lo libra de todos ellos.
Él le protege todos los huesos;
ni uno solo le romperán (Salmo 34:19–20).

Capítulo 12: El plan del enemigo en contra suyo

Su enemigo el diablo ronda como león rugiente, buscando a quién devorar (1 Pedro 5:8).

Porque nada de lo que hay en el mundo —los malos deseos del cuerpo, la codicia de los ojos y la arrogancia de la vida— proviene del Padre, sino del mundo (1 Juan 2:16).

No solo de pan vive el hombre, sino de todo lo que sale de la boca del Señor (Deuteronomio 8:3).

Teme al Señor tu Dios, sírvele solamente a él, y jura solo en su nombre (Deuteronomio 6:13).

Adoren al Señor su Dios y sírvanle sólo a él (Deuteronomio 6:13, dhh).

¿A quién tengo en el cielo sino a ti?
Si estoy contigo, ya nada quiero en la tierra.

Podrán desfallecer mi cuerpo y mi espíritu,
  pero Dios fortalece mi corazón;
  él es mi herencia eterna (SALMO 73:25–26).

No pongas a prueba al SEÑOR tu Dios (Deuteronomio 6:16).

"Teme al SEÑOR tu Dios, sírvele solamente a él, y jura solo
en su nombre. No sigas a esos dioses de los pueblos que te
rodean, pues el SEÑOR tu Dios está contigo y es un Dios
celoso" (Deuteronomio 6:13–15).

Capítulo 13: Milagros en medio del caos

Entonces empezaron a burlarse de él (Marcos 5:40).

También expulsaban a muchos demonios y sanaban a
muchos enfermos, ungiéndolos con aceite (Marcos 6:13).

Como no tenían tiempo ni para comer, pues era tanta la
gente que iba y venía (Marcos 6:31).

Al anochecer, la barca se hallaba en medio del lago, y Jesús
estaba en tierra solo. En la madrugada, vio que los discípulos hacían grandes esfuerzos para remar, pues tenían el
viento en contra (Marcos 6:47–48).

Los discípulos, al verlo caminar sobre el agua, creyeron
que era un fantasma y se pusieron a gritar, llenos de miedo por lo que veían. Pero él habló en seguida con ellos y
les dijo: "¡Cálmense! Soy yo. No tengan miedo".
  Subió entonces a la barca con ellos, y el viento se calmó.
Estaban sumamente asombrados, porque tenían la mente
embotada y no habían comprendido lo de los panes (Marcos 6:49–52).

Porque aún no habían entendido lo de los panes, por cuanto estaban endurecidos sus corazones (Marcos 6:52, RVR1960).

No se amolden al mundo actual, sino sean transformados mediante la renovación de su mente (Romanos 12:2).

Dios es nuestro refugio y nuestra fuerza;
    siempre está dispuesto a ayudar en tiempos de
    dificultad.
Por lo tanto, no temeremos cuando vengan terremotos
    y las montañas se derrumben en el mar.
¡Que rujan los océanos y hagan espuma!
    ¡Que tiemblen las montañas mientras suben las aguas!
Un río trae gozo a la ciudad de nuestro Dios,
    el hogar sagrado del Altísimo.
Dios habita en esa ciudad; no puede ser destruida;
    en cuanto despunte el día, Dios la protegerá.
¡Las naciones se encuentran en un caos,
    y sus reinos se desmoronan!
¡La voz de Dios truena,
    y la tierra se derrite!

El SEÑOR de los Ejércitos Celestiales está entre nosotros;
    el Dios de Israel es nuestra fortaleza.

Vengan, vean las obras gloriosas del SEÑOR:
    miren cómo trae destrucción sobre el mundo.
Él hace cesar las guerras en toda la tierra;
    quiebra el arco y rompe la lanza
    y quema con fuego los escudos.
"¡Quédense quietos y sepan que yo soy Dios!
    Toda nación me honrará.
    Seré honrado en el mundo entero" (SALMO 46:1–10).

Capítulo 14: Avanzar en medio de la desesperación

El que habita al abrigo del Altísimo
  se acoge a la sombra del Todopoderoso.
Yo le digo al Señor: "Tú eres mi refugio,
  mi fortaleza, el Dios en quien confío".

Solo él puede librarte de las trampas del cazador
  y de mortíferas plagas,
pues te cubrirá con sus plumas
  y bajo sus alas hallarás refugio.
    ¡Su verdad será tu escudo y tu baluarte!
No temerás el terror de la noche,
  ni la flecha que vuela de día,
ni la peste que acecha en las sombras
  ni la plaga que destruye a mediodía.
Podrán caer mil a tu izquierda,
  y diez mil a tu derecha,
    pero a ti no te afectará.
No tendrás más que abrir bien los ojos,
  para ver a los impíos recibir su merecido.

Ya que has puesto al Señor por tu refugio,
  al Altísimo por tu protección,
ningún mal habrá de sobrevenirte,
  ninguna calamidad llegará a tu hogar.
Porque él ordenará que sus ángeles
  te cuiden en todos tus caminos.
Con sus propias manos te levantarán
  para que no tropieces con piedra alguna.
Aplastarás al león y a la víbora;
  ¡hollarás fieras y serpientes!

"Yo lo libraré, porque él se acoge a mí;
  lo protegeré, porque reconoce mi nombre.
Él me invocará, y yo le responderé;

estaré con él en momentos de angustia;
lo libraré y lo llenaré de honores.
Lo colmaré con muchos años de vida
y le haré gozar de mi salvación" (SALMO 91).

Capítulo 15: Quisiera huir

"Si ustedes obedecen todos estos mandamientos que les doy, y aman al Señor su Dios, y siguen por todos sus caminos y le son fieles, entonces el Señor expulsará del territorio de ustedes a todas esas naciones. Así podrán desposeerlas, aunque sean más grandes y más fuertes que ustedes" (Deuteronomio 11:22–23).

"Después de decir esas cosas, Jesús cruzó el valle de Cedrón con sus discípulos y entró en un huerto de olivos. Judas, el traidor, conocía ese lugar, porque Jesús solía reunirse allí con sus discípulos" (Juan 18:1–2, NTV).

Es tal la angustia que me invade que me siento morir —les dijo—. Quédense aquí y vigilen (Marcos 14:34).

Yendo un poco más allá, se postró en tierra y empezó a orar que, de ser posible, no tuviera él que pasar por aquella hora. Decía: "*Abba*, Padre, todo es posible para ti. No me hagas beber este trago amargo..." (Marcos 14:35–36).

"Pero no sea lo que yo quiero, sino lo que quieres tú" (Marcos 14:36).

"Conduciré a los ciegos por caminos desconocidos, los guiaré por senderos inexplorados; ante ellos convertiré en luz las tinieblas, y allanaré los lugares escabrosos. Esto haré, y no los abandonaré" (Isaías 42:16).

Nos vemos atribulados... pero no abatidos (2 Corintios 4:8).

Que estamos atribulados en todo, mas no angustiados; en apuros, mas no desesperados; perseguidos, mas no desamparados; derribados, pero no destruidos (2 Corintios 4:8–9, RVR1960).

Capítulo extra: ¿Cómo es vivir conmigo?

"Ahora ve adonde están exiliados tus compatriotas. Tal vez te escuchen, tal vez no; pero tú adviérteles: 'Así dice el Señor omnipotente'" (Ezequiel 3:11).

Hijo mío, atiende a mis consejos;
    escucha atentamente lo que digo.
No pierdas de vista mis palabras;
    guárdalas muy dentro de tu corazón.
Ellas dan vida a quienes las hallan;
    son la salud del cuerpo (Pʀᴏᴠᴇʀʙɪᴏs 4:20–22).

Por sobre todas las cosas cuida tu corazón,
    porque de él mana la vida.
Aleja de tu boca la perversidad;
    aparta de tus labios las palabras corruptas.
Pon la mirada en lo que tienes delante;
    fija la vista en lo que está frente a ti.
Endereza las sendas por donde andas;
    allana todos tus caminos.
No te desvíes ni a diestra ni a siniestra;
    apártate de la maldad (Pʀᴏᴠᴇʀʙɪᴏs 4:23–27).

Uzías se volvió arrogante, lo cual lo llevó a la desgracia. Se rebeló contra el Señor (2 Crónicas 26:16).

El malvado levanta insolente la nariz, y no da lugar a Dios en sus pensamientos (Sᴀʟᴍᴏ 10:4).

Por los pecados de su boca, por las palabras de sus labios, que caigan en la trampa de su orgullo (SALMO 59:12).

Con el orgullo viene el oprobio; con la humildad, la sabiduría (PROVERBIOS 11:2).

El orgullo solo genera contiendas, pero la sabiduría está con quienes oyen consejos (PROVERBIOS 13:10).

Al orgullo le sigue la destrucción; a la altanería, el fracaso.

(PROVERBIOS 16:18)

Cosas que quiero que recuerde

Capítulo 1: Preferiría ignorar la honestidad	
La *honestidad* no trata de *herirme*. Trata de *sanarme*.	El *rechazo* roba lo *mejor* de quién soy al reforzar lo *peor* que me han dicho.

Si desea saber lo que realmente hay
dentro de alguien, *escuche*
atentamente las *palabras* que hable.

El rechazo no es solo una *emoción* que
sentimos, sino un *mensaje*
que es enviado al *centro* de nuestra
identidad, haciéndonos creer
las *mentiras* sobre nosotras mismas,
sobre otros y sobre Dios.

Capítulo 2: Tres preguntas para considerar

Cuando un hombre está físicamente *presente*
pero emocionalmente *ausente,*
el corazón de una mujer puede
sentirse *vacío* e *indefenso.*

La mente
se *alimenta* de aquello
en lo que se *enfoca,*
Lo que consuma
mis pensamientos
determinará
la *consolidación* o
la *pérdida* de
mi identidad.

Nuestras convicciones
deberían
sostenernos incluso
cuando la vida
pareciera
desmoronarse.

Dios es *bueno.*
Dios es bueno
conmigo. Dios es
bueno siendo Dios.

El rechazo de ningún individuo
jamás podrá separarme del
amor de Dios. *Punto* final. Sin signos de interrogación.

Capítulo 3: Hay una mujer en el gimnasio que me odia

Viva desde el lugar *abundante* de ser *amada*, y no se encontrará a sí misma *rogando* por *migajas* de *amor*.

Corremos a una velocidad vertiginosa para tratar

y *alcanzar* cuando Dios sencillamente quiere

que frenemos lo suficiente para *recibir*.

Dios quiere que nuestros corazones estén alineados *con* el suyo antes de que nuestras manos comiencen a trabajar *para* Él.	El amor de Dios no se *basa* en mí. Simplemente es *puesto* en mí. Y ese es el lugar desde el cual debería vivir…amada.

Dar *esperando* secretamente algo a cambio es la invitación más grande a la *decepción*.

Jesús no participa en competencias feroces. Él está interesado en los ritmos más lentos de la vida, como *permanecer, deleitarse* y *habitar*; todos términos que nos invitan a confiar en Él desde nuestro lugar y con nuestro ritmo.

Cuán *peligroso* es cuando nuestras almas *agonizan* por Dios, pero estamos demasiado distraídas *coqueteando* con este mundo como para notarlo.

Capítulo 4: Sola en una habitación concurrida

Proximidad y *actividad* no siempre equivalen a *conectividad.*

Cuanto más *invitemos* a entrar a Dios, menos posibilidades tendremos de sentirnos *rechazadas* por otros.

Cuanto *más* nos *llenemos* de su *amor* vivificante, seremos cada vez *menos gobernadas* por los deseos de la *carne.*

Capítulo 5: Hola, mi nombre es Problemas de Confianza

Aquello que veamos *confrontará* lo que *sabemos*, a menos que lo que sepamos dicte lo que *veamos*.

Con la plenitud de Dios, somos *libres* para dejar que los humanos sean humanos: *inconstantes*, *frágiles* y *olvidadizos*.

Si nos *enamoramos* de algo en este mundo que creamos que ofrece mejor *plenitud* que Dios, le haremos

espacio. Dejaremos filtrar su llenura para dar lugar a

aquello que queramos *perseguir*.

Capítulo 6: Amistades rotas

A la gente que le importa más *tener* razón que *terminar bien*, solo demuestra lo *equivocados* que están desde el principio.

La *amargura*, el *resentimiento* y la *ira* no tienen lugar en un *corazón* tan *hermoso* como el suyo.

Tenemos un *enemigo*, pero no entre nosotras.

La *verdad* que se proclama y se vive es un arma *extremadamente* precisa contra el *enemigo*.

Capítulo 7: Cuando nos arrebatan nuestra normalidad

No puedo seguir *abrazando* completamente a Dios mientras *rechazo* sus caminos.

La *gracia* concedida cuando menos se merece es el único antídoto para la *amarga* podredumbre.

Amar a Dios significa *cooperar* con su gracia.

Cada vacío que deja el rechazo debe convertirse en una *oportunidad* para crear más y más lugar para la *gracia* en mi corazón.

La *humildad* no se puede comprar a un *precio barato*. Es la extensa *obra* de gracia sobre gracia dentro de las *heridas* de nuestros corazones.

Es *imposible* levantar los estandartes de *víctima* y de *victoria* al mismo tiempo.

Capítulo 8: La experiencia correctiva

Las *relaciones* no vienen envueltas en *perfección*; las relaciones vienen envueltas en *potencial*.

El "yo también" nos pone en el mismo *equipo*.

Significa: "Estamos en esto *juntas*,

así que *ataquemos* el *problema*, no entre nosotras".

La *aceptación* es como un *antibiótico* que previene que los *rechazos* del pasado se conviertan en *infecciones* presentes.

Ningún logro *externo* curará las heridas *internas*.

Capítulo 9: ¿Por qué duele tanto el rechazo?

Ser *dejada* de *lado* es ser rechazada. Ser *apartada* significa que tiene una misión la cual requiere preparación.

El *obrar* de Dios en lo *secreto* nos *recompensará* en *público*.

Existe algo maravillosamente *sagrado* que sucede cuando una mujer elige darse cuenta de que el hecho de que la dejen de lado es en realidad el *llamado* de Dios para santificar su vida.

Cuando alivio el dolor de la *soledad* en otras, de manera preciosa se alivia también en mí.

Capítulo 10: Su éxito no amenaza el mío

Si permitimos que nuestros pensamientos *apesten,* ese olor se va a *filtrar* en cada poro de nuestro ser: nuestras palabras, nuestras acciones y, especialmente, nuestras reacciones.

Hay una necesidad *abundante* en este mundo por su *belleza* única.

Como mujeres de Jesús, no podemos caminar en *victoria* mientras que nos revolquemos en pensamientos de *derrota* y rechazo.

Cuando a ella le va bien, a todas nos va bien. Las mareas *suben* cuando vemos que una hermana hace de este mundo un lugar *mejor* con sus *dones*.

Capítulo 11: Diez cosas que debe recordar cuando la rechacen

Las *decepciones* de hoy abren paso a los *sueños* del mañana.

No permita que las *reacciones* de hoy se conviertan en los *remordimientos* de mañana.

Dios no tiene *temor* de sus bordes *filosos* que pueden parecer bastante *peligrosos* para otros. Él no retrocede, sino que la *acerca* hacia Él.

Satanás sabe que lo que nos *consume*, nos *controla*,

Tiene mucho *más* que ofrecer que el área que fue rechazada.

Por lo general existe algún elemento de *protección* envuelto en cada *rechazo*.

Este *quebrantamiento edificará* su vida.

Una nueva versión de usted. Una más *fuerte*.

Capítulo 12: El plan del enemigo en contra suyo

Las *mentiras* huyen en presencia de la *verdad*.

El diablo podrá ser *feroz*, pero no es *victorioso*. Y usted,
mi amiga, tiene todo lo necesario para *derrotarlo*.

Cuando recuerdo las *promesas* de Dios,
me conecto con el *poder* de Dios.

Nuestras *mentes* y *corazones* son

como esponjas secas. Aquellas cosas

en las que nos enfoquemos nos

absorberán y nos *saturarán*.

¿Está mi atención puesta en algo *sagrado*

o en algo *secreto*? Aquello que más atrae mi atención

es lo que *realmente* adoro.

Capítulo 13: Milagros en medio del caos

La *inspiración* y la *información* sin una *aplicación* personal nunca producirán una *transformación*.

Resistir las promesas de Dios nos hará *olvidar* la presencia de Dios.

Las voces de la *condenación*, *vergüenza* y *rechazo* pueden hacerse oír, pero no tienen que morar en usted.

Podemos asistir a estudios bíblicos y decir *amén* a cada tema, pero si no lo *aplicamos* a nuestras vidas, no seremos transformadas.

Y Él no huye de su *caos*. Él *sube* a su barca para estar allí con usted.

Capítulo 14: Avanzar en medio de la desesperación

Debemos *sentir* el dolor para que el mismo pueda *sanar*.

El *temor* no puede *tomar* aquello
que ya no puede *alcanzar*.

El dolor es la *invitación* para que Dios intervenga y remplace nuestras fuerzas *debilitadas* con las suyas.

Adormecer el dolor no ataca el origen del problema real con el fin de volvernos más saludables. Solo *acalla* nuestra necesidad que grita por ayuda.

Si *evitamos* el dolor, el mismo creará un *vacío* en nuestro interior.

Capítulo 15: Quisiera huir

Los tiempos dolorosos pueden ciertamente hacerme *crecer*, pero nunca fueron destinados para *definirme*.

Del otro lado de cada sufrimiento hay una *resurrección*.

La gente no puede *cambiar* desde

afuera una *perspectiva*

que se debe *restaurar* desde adentro.

Solo el Señor puede hacer la obra.

Capítulo 16: Aquello que creí que me restauraría no lo hizo

Ser el *centro* de *atención* no enmienda nuestras inseguridades.

Solo *magnifica* aquello que pensamos que la popularidad *encubriría*,

El rechazo podrá ser un retraso o una *distracción* o incluso una *aflicción* por un período.

Pero jamás será el *destino* final.

No se trata de *convertirse* en

alguien. Tu alma fue creada

para simplemente estar conmigo. Y cuanto

más tiempo pases conmigo,

dejarás de *temer* lo que pueda quitarte este mundo.

Contigo, Jesús, estoy por siempre

segura, Soy por siempre

aceptada, Por siempre *guardada,*

Completamente *amada* y siempre *bienvenida,*

Capítulo extra: ¿Cómo es vivir conmigo?

Cuanto *menos* creamos

que necesitemos abordar

el *orgullo* en nuestras

vidas, mayores

posibilidades hay

de que ya

nos haya *cegado.*

La *sabiduría*

procura entender

el punto de vista del otro

incluso si no coincido

con su *perspectiva,*

Notas

Capítulo 2: Tres preguntas para considerar
1. "C. S. Lewis Quotes, Quotable Quotes," Good Reads, consultado el 22 de febrero de 2016, www.goodreads.com.

Capítulo 8: La experiencia correctiva
1. Aaron Ben-Zeév PhD, "Why We All Need to Belong to Someone", PsychologyToday.com, www.psychologytoday.com.
2. Lea 1 Samuel 16:1–13 para conocer la historia completa.

Capítulo 9: ¿Por qué duele tanto el rechazo?
1. Guy Winch, PhD, "10 Surprising Facts About Rejection", PsychologyToday.com, www .psychologytoday.com
2. Juan 3:29–30 (The Message) [El mensaje].

Capítulo 10: Su éxito no amenaza el mío
1. http://biblehub.com.
2. Stephen R. Covey, *Los 7 hábitos de la gente altamente efectiva* (Simon and Schuster, 2004), 219 [según edición en inglés].
3. Walter Brueggermann, "The Liturgy of Abundance, The Myth of Scarcity", *Christian Century*, 24–31 de marzo de 1999. Walter Brueggermann es profesor emérito del Antiguo Testamento en Columbia Theological Seminary en Decatur, Georgia. Copyright por Christian Century Foundation. Utilizado con permiso. Este texto fue preparado para Religion Online por John C. Purdy.

Capítulo 12: El plan del enemigo en contra suyo
1. El estudio investigativo del Grupo Barna incluyó 455 encuestas entre una selección aleatoria y representativa de mujeres de dieciocho años en adelante en los Estados Unidos. La encuesta, realizada entre el 29 de abril al 1 de mayo de 2015, utilizó un panel de investigación en línea llamado KnowledgePanel, el cual se basa en una muestra de probabilidades que abarca la población tanto en línea como fuera de línea de los EE. UU. El margen de error máximo de la muestra global es aproximadamente 4,5 % con un nivel de confianza del 96 %.

Capítulo 15: Quisiera huir
1. Obtenga una visual dinámica acerca del olivo con el *Uninvited Bible Study* DVD.

Capítulo extra
1. Robert L. Alden, *Proverbs* (Baker, 1983), 48.

Acerca de la autora

Fotofrafía por los Schultzes

Lysa TerKeurst es la mamá de cinco bendiciones prioritarias que se llaman Jackson, Mark, Hope, Ashley y Brooke. Es la presidenta de Ministerios Proverbios 31 y la autora de diecinueve libros, entre ellos los grandes éxitos de ventas del *New York Times: El mejor sí, Emociones fuertes. Decisiones sabias* y *Fui hecha para desear.* Asimismo, Lysa ha aparecido en *Enfoque a la familia, El show de hoy, Good Morning America,* entre otros. Lysa es oradora a nivel nacional en *Catalyst, Lifeway Abundance Conference, Women of Joy* y en otros eventos cristianos.

Sitio web: Si ha disfrutado de *Sin invitación,* le encantarán los recursos adicionales en inglés encontrados en www.UninvitedBook.com, www.LysaTerKeurst.com y www.Proverbs31.org.

Conéctese con Lysa a diario, vea fotografías de su familia y siga su itinerario de conferencista:
Blog: www.LysaTerKeurst.com
Facebook: www.Facebook.com/OfficialLysa
Instagram: @LysaTerKeurst
Twitter: @LysaTerKeurst

Acerca de Ministerios Proverbios 31

Lysa TerKeurst es la presidenta de Ministerios Proverbios 31, localizado en Charlotte, Carolina del Norte.

Si ha sido inspirada por *Sin invitación* y desea profundizar su relación personal con Cristo Jesús, tenemos lo que anda buscando.

Ministerios Proverbios 31 existe con el fin de ser un amigo de confianza quien la tomará de la mano y caminará a su lado, guiándola un paso más cerca del corazón de Dios a través de:

La aplicación *First 5* gratuita
Devocionales diarios en línea gratuitos
Estudios bíblicos en línea
Capacitación en escritura y oratoria
Programas radiales diarios
Libros y recursos

Para mayor información acerca de Ministerios Proverbios 31, visite www.Proverbs31.org.

Para averiguar si Lysa puede participar como conferencista en su evento, visite www.LysaTerKeurst.com y haga clic sobre "speaking".

CASA CREACIÓN

Te invitamos a que visites nuestra página web, donde podrás apreciar la pasión por la publicación de libros y Biblias:

www.casacreacion.com

f @CASACREACION

🐦 @CASACREACION

📷 @CASACREACION

Para vivir la Palabra